한 번 봐도 두 번 외운 효과! **두뇌 자극 한자 책**

바빠 급수 한자 시리즈
자격증 따기

바쁜

초등학생을 위한

빠른 급수한자

7급 1권

징재비, 정민 지음

歌 孝

아비 업은 '효도 효'

옳다!(可) 옳다!(可) 소리치며 노래하는 '노래 가'

이지스에듀

저자 소개

김정미 선생님은 서울 교대에서 초등교육을 전공하고, 올해로 20년째 교단을 지키고 있는 선생님이다. 남편 강민 선생님과 함께 《우리집은 한자 창의력 놀이터》, 《한자 무작정 따라하기》 등을 집필하였다.
어원을 그림으로 그려 설명하고 획순에 이야기를 담아 어린 아이들도 한자를 쉽게 익히고 급수를 딸 수 있도록 《바쁜 초등학생을 위한 빠른 급수 한자-8급》 등 바빠 급수 한자 시리즈를 공동 집필하였다.

강민 선생님은 서울대 인문대를 졸업한 후, 컴퓨터 프로그래머로 일하며 한자를 좋아하여 관심을 두다가, 18년 전 첫 아이 태교를 하면서 본격적으로 한자의 모양과 소리와 뜻을 파헤치기 시작했다. 부인 김정미 선생님과 함께 《우리집은 한자 창의력 놀이터》, 《한자 무작정 따라하기》 등을 출간했다. 한자가 쉽게 외워지는 세 박자 풀이말을 고안해 어려운 한자도 노래하듯 풀이말을 읽으면 척척 써낼 수 있도록 하였다.
지금은 LEGO 에듀케이션 공식인증러닝센터 CiC에듀(분당 서현 www.cicedu.co.kr)를 운영하고 있다.

'바빠 급수 한자' 시리즈

바쁜 초등학생을 위한 빠른 급수 한자 - 7급 1권

초판 1쇄 발행 2016년 11월 10일
초판 14쇄 발행 2024년 11월 29일
지은이 김정미, 강민
발행인 이지연
펴낸곳 이지스퍼블리싱(주)
출판사 등록번호 제313-2010-123호
주소 서울시 마포구 잔다리로 109 이지스 빌딩 5층
대표전화 02-325-1722   팩스 02-326-1723
이지스퍼블리싱 홈페이지 www.easyspub.com   이지스에듀 카페 www.easyspub.co.kr
바빠 아지트 블로그 blog.naver.com/easyspub   트위터 @easyspub
페이스북 www.facebook.com/easyspub   이메일 service@easyspub.co.kr

본부장 조은미 기획 및 책임 편집 정지연 | 이지혜, 박지연, 김현주 교정 교열 박진영 일러스트 김학수
표지 및 내지 디자인 트인글터 전산편집 트인글터 인쇄 보광문화사 독자 지원 박애림, 김수경
영업 및 문의 이주동, 김요한(nlrose@easyspub.co.kr) 마케팅 라혜주

ISBN 979-11-87370-63-5 64710
ISBN 979-11-87370-27-7(세트)
가격 9,000원

• **이지스에듀**는 이지스퍼블리싱(주)의 교육 브랜드입니다.

한 번 봐도 두 번 외운 효과! 20일이면 7급 시험 준비 끝!

한자는 모든 공부의 바탕입니다.

교과서에 나오는 단어의 90% 이상이 한자어입니다. 수학 교과서에는 '시각'과 '시간'이 나옵니다. '시각(時刻)'의 '각'은 '새길 각'이므로 시간을 한 지점을 새겨 표시하듯 시간의 어느 한 지점을 나타냅니다. 반면, '시간(時間)'의 '간'은 '사이 간'이므로 시각과 시각의 사이라는 것을 알 수 있습니다. 그래서 '쉬는 시간이 끝나는 시각은 10시'와 같이 올바른 용어를 사용할 수 있습니다. 이처럼 한자를 익히면 학습 용어를 정확하고 쉽게 이해할 수 있습니다.
주요 과목을 공부하기 전, 반드시 필수 한자를 익히도록 지도해 주세요! 한자를 먼저 익히면 학습 용어 이해력이 높아져 이후 모든 과목의 공부에 큰 도움이 됩니다!

급수 시험은 한자 공부에 집중할 수 있는 좋은 계기입니다.

그런데 학습의 바탕이 되는 이 한자를 학교에서는 체계적으로 알려주지 않습니다. 어디부터 시작해야 할지 막연하다면 한자 급수 시험을 보는 것도 좋은 계기가 됩니다. 목표를 정하면 짧은 시간 안에 효과적으로 한자 공부를 할 수 있으니까요. 7급 한자는 초등 교과 공부의 바탕이 되는 기초 한자 100자로 이루어져 있습니다. 8급 50자, 7급 100자를 익히면 초등 1~2학년 학습 용어의 참뜻을 잘 알 수 있습니다.

한자 학습의 지루함과 암기의 어려움을 해결하는 6가지 방법

그런데 문제는 두 가지. 한자도 공부인지라 지겹다는 것과 또 하나는 힘들게 공부한 한자를 다음날이면 잊어버린다는 겁니다. 이를 해결하기 위해 연구에 연구를 거듭한 결과가 바로 이 책입니다.

1. '한자의 획'을 '그림의 선'으로 구현

기존의 급수 책은 한자의 뜻을 단순히 그림으로 나타낼 뿐입니다. 이 책은 '한자의 획'을 '그림의 선'으로 그려 그림을 몇 번 보면 한자를 쉽게 익힐 수 있습니다. 이렇게 익히면 공룡 화석을 보면 공룡이 떠오르듯 한자를 보면 바로 그림과 뜻이 떠오릅니다. '하늘 아래 팔 벌린 하늘 천(天)'처럼 한자마다 별명을 붙여 한 번 보면 쉽게 생각납니다.

2. 암기 효과를 2배로 높여 주는 '세 박자 풀이말'

한 획 한 획을 쓸 때 운율이 있는 풀이말을 붙여놓아 이야기를 기억하면 한자가 자연스럽게 써집니다. 또한 이야기가 복잡해지지 않도록 가급적 세 박자 안에 끝나도록 만들었습니다.

3. 물방울에 지워진 한자를 살려내듯 기억에 오래 남는 한자 쓰기

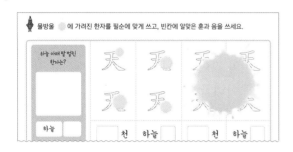

베껴 쓰듯 공부하면 머리에는 남지 않고 손만 아픈 공부 노동이 됩니다. 인지학습 분야에 저명한 전문가의 말에 따르면 학습에 적정한 어려움이 있을 때 기억에 오래 남는다고 합니다. 이 책은 물방울 모양이 적정한 어려움으로 작용해 한자가 학습자의 뇌리에 오래 남습니다.

4. 교과서 문장으로 다시 한 번 확인해 어휘력 향상까지!

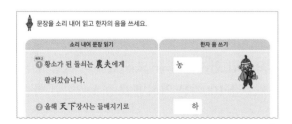

이 책은 앞에서 외운 한자를 교과서 문장을 통해 확인합니다. 교과서 용어와 일상적으로 쓰는 어휘에서 아이들이 한자를 발견하고 한자를 통해 어려운 개념을 쉽게 이해할 수 있습니다.

5. 망각이 일어나기 전에 다시 기억하도록 복습 단계 구성!

앞 과에서 배운 한자가 다음 과의 문제 속에 등장하므로 자주 복습하게 됩니다. 이는 뇌의 단기 기억을 장기 기억으로 바꾸는 역할을 합니다. 또한 복습용 과들은 7급 시험 기출 문제를 재구성해 실전에 대비하도록 하였습니다.

6. 모의고사 2회 수록 - 시험을 보러 가지 않아도 모두 풀면 합격 인증!

'바빠 급수 한자 -7급' 1권에는 중간평가 2회가, 2권에는 실제 기출 수준의 문제 2회가 수록되어 있습니다. 7급 시험은 70점 이상(70문항 중 49문항)을 획득하면 합격입니다. 2권의 모의고사 2회 결과가 모두 70점 이상이라면 실제 시험을 치르지 않아도 7급을 취득한 것과 마찬가지입니다.

 **목차** 바쁜 초등학생을 위한 빠른 급수 한자 - 7급 1권

한자능력검정시험을 보기 전에 알아 두면 좋아요!

1. 시험 일정은?

보통 2월, 6월, 8월, 11월 넷째 주 토요일에 실시합니다. 교육급수시험(4급~8급)의 시험 시간은 오전 11시, 공인급수시험(특급~3급Ⅱ)은 오후 3시로 서로 다릅니다. 또한 매년 시험 날짜가 바뀔 수 있으므로 반드시 한국어문회 홈페이지(www.hanja.re.kr)에서 확인해야 합니다.

2. 7급과 7급Ⅱ는 무엇이 다른가요?

한자능력검정시험은 교육급수(4급~8급)와 공인급수(특급~3급Ⅱ)로 나뉩니다.

교육급수에 해당하는 7급과 7급Ⅱ는 각각 별도의 급수입니다. **급수Ⅱ는 상위 급수와 하위 급수 배정한자 수의 차이를 줄이기 위한 급수입니다.** 7급Ⅱ는 100자, 7급은 150자를 읽을 수 있어야 합니다. 7급Ⅱ 100자와 7급 150자에는 모두 8급 한자 50자가 포함되어 있습니다. 모든 급수 한자는 아래 급수에서 배운 한자를 포함합니다.

급수	읽기	쓰기
8급	50	0
7급Ⅱ	100	0
7급	150	0
6급Ⅱ	225	50
6급	300	150
5급Ⅱ	400	225
5급	500	300
4급Ⅱ	750	400
4급	1,000	500

3. 어떤 유형의 문제가 나오나요?

7급은 한자의 소리(음)를 묻는 독음 문제와 한자의 뜻과 소리를 동시에 묻는 훈음 문제가 대부분입니다.(70문항 중 62문항) 이 외에 반의어, 한자어 완성, 뜻풀이, 필순 유형이 각각 2문제씩 총 8문제가 출제됩니다.

7급Ⅱ는 7급과 비슷하나 독음 문제가 10문제 적어 총 60문항입니다.

구분	6급	6급Ⅱ	7급	7급Ⅱ	8급
* 독음	33	32	32	22	24
* 훈음	22	29	30	30	24
장단음	0	0	0	0	0
* 반의어	3	2	2	2	0
* 완성형	3	2	2	2	0
부수	0	0	0	0	0
동의어	2	0	0	0	0
동음이의어	2	0	0	0	0
* 뜻풀이	2	2	2	2	0
약자	0	0	0	0	0
한자 쓰기	20	10	0	0	0
* 필순	3	3	2	2	2
한문	0	0	0	0	0

4. 시험 시간 및 문항 수는 어떻게 되나요?

시험 시간은 50분이고, 합격 기준은 70점 이상입니다. 곧 7급은 70문항 중 49문항, 7급Ⅱ는 60문항 중 42문항 이상 맞히면 합격입니다.

급수	출제 문항	합격 문항
8급	50	35
7급Ⅱ	60	42
7급	70	49
6급Ⅱ	80	56
6급	90	63
5급Ⅱ·5급·4급Ⅱ·4급	100	70

나만의 7급 한자 공부 일정표

목표 진도 _____ 일

• 공부를 끝낸 후, 배운 한자를 쓰면서 정리해 보세요.

날짜	배운 한자 쓰기	날짜	배운 한자 쓰기
/	入	/	
/		/	
/		/	
/		/	
/		/	
/		/	
/		/	
/		/	

'바빠 급수 한자 - 7급' 1, 2권을 한 권에 10일씩, 20일만 공부하면 7급 자격증을 딸 수 있어요!

1권 공부 계획을 세워 보세요.

8급 한자는 자신 있나요? 7급 시험을 차근차근 준비하고 싶다면 **하루 1~2과씩** 20일 안에 공부하세요!	20일 완성
빠르게 끝내고 싶다면 **하루 2과씩** 15일 안에 공부하세요!	15일 완성
시험이 코 앞! 고학년이라면 10일 안에도 끝낼 수 있어요. **3과씩** 공부하세요!	10일 완성

한자를 쓰는 순서, 필순을 알면 쉽다!

필순을 왜 공부해야 할까?

처음 한자를 공부하면 한자를 쓰는 일이 어렵게 느껴집니다. 한글과 달리 일정한 규칙이 없는 것처럼 느껴지니까요. 하지만 한자도 쓰는 규칙이 있습니다. 필순은 붓(筆)으로 획을 쓰는 순서(順)라는 뜻입니다. 오랜 세월 한자를 쓰면서 자연스럽게 필순이 정해졌습니다. 한글보다 획이 많은 한자는 필순에 맞게 써야 쓰기도 편하고 글자 모양도 아름답습니다.

필순의 7가지 규칙

이 책에서는 기본 규칙을 7가지로 정리했습니다. 필순을 외우려고 애쓰기보다는 앞으로 배울 한자를 자연스럽게 쓰기 위해 가볍게 점검하는 정도로 학습하면 됩니다. '바빠 급수 한자 – 7급' 속 풀이말을 따라 공부하면 필순은 자연스럽게 익혀집니다.

1. '人(시옷)'과 같은 순서로 씁니다.

2. 가로획과 세로획이 만날 때는 가로획을 먼저 씁니다.

3. ｜(갈고리)가 글자의 한가운데 오면 갈고리 모양을 맨 먼저 씁니다.

예 小(작을 소)

8

4. 양쪽 점을 먼저 씁니다.

5. 口(입 구)와 비슷한 한자는 한글의 'ㅁ'과 같은 순서로 씁니다.

　예 日(날 일), 白(흰 백), 國(나라 국)

6. 글자 가운데를 뚫고 지나가는 획은 마지막에 씁니다.

　예 軍(군사 군)

7. ノ(삐침)을 먼저 쓰고 ＼(파임)을 나중에 씁니다.

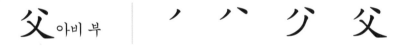

　예 敎(가르칠 교), 校(학교 교)

이외에도 '위에서 아래로 쓴다', '왼쪽에서 오른쪽으로 쓴다'라는 규칙이 있으나 자연스럽게 익힐 수 있으므로 다루지 않았습니다. 또한 필순에 예외가 많아 한자를 쓰는 기본 규칙을 알아두는 정도로 학습하는 것이 좋습니다. 본격적인 한자 학습은 풀이말로 한자를 외우는 방법이 효과적입니다.

 필순 퀴즈

다음 한자는 어떤 순서로 쓸까요?

① ノ 小 小 少
② ヽ 小 小 少

정답 ①

9

01 숙이고 들어가는 들 入, 문으로 들어가는 안 內

들 입

안 내

'들 입'은 사람이 다리를 내밀고
고개 숙여 들어가는 모습이에요.

'안 내'는 사람이 문 안쪽으로
들어가는 모습이에요.

 풀이말을 큰 소리로 읽으며 획을 따라 쓰세요.

따라 써 봐!

다리 내밀고	고개 숙여 들어가는	들 입	들 입

문 안으로	들어가는	안 내	안 내

 入(들 입)은 人(사람 인) 八(여덟 팔)과 모양이 비슷해요. 入(입)은 고개 숙인 사람, 人(인)은 몸을 세운 사람, 八(팔)은 벌린 두 팔 모양으로 알아두세요.
반의어 入(들 입) ↔ 出(날 출) 內(안 내) ↔ 外(바깥 외)

물방울 ● 에 가려진 한자를 필순에 맞게 쓰고, 빈칸에 알맞은 훈과 음을 쓰세요.

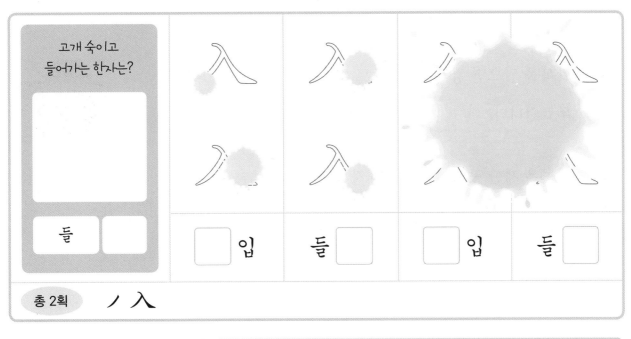

고개 숙이고 들어가는 한자는?			
들	□입	들□	□입	들□

총 2획   ノ 入

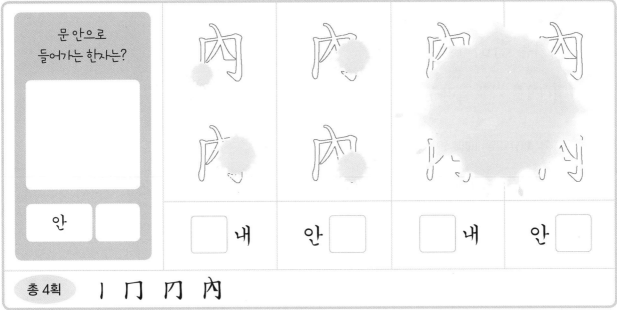

문 안으로 들어가는 한자는?			
안	□내	안□	□내	안□

총 4획   丨 冂 冇 內

 한자의 음을 쓰세요.

❶ 행사장으로 들어감 入場　　장

❷ 방이나 집의 안 室內

❸ 나오고 들어감 出入　출

❹ 도시의 안 市內　시

예습! 7급 한자　場(마당 장) 出(날 출) 市(저자 시)　　복습! 8급 한자　室(집 실)

11

문장을 소리 내어 읽고 한자의 음을 쓰세요.

소리 내어 문장 읽기	한자 음 쓰기
❶ 한복을 입으면 경복궁 入場료가 무료입니다.	☐ 장 료
❷ 이곳은 제한 구역이오니 관계자 외 出入을 금합니다.	출 ☐
(국어2) ❸ '室內에서 뛰지 않기'를 꼭 실천합시다.	☐
❹ 택시는 南山터널을 빠져나와 市內를 가로질러 달렸습니다.	☐ 시 ☐

복습! 8급 한자 南(남녘 남) 山(메 산)

도전! 7급 시험

밑줄 친 뜻에 해당하는 한자를 찾거나, 음에 해당하는 한자어를 〈보기〉에서 찾아보세요.

〈보기〉 ① 入場   ② 入   ③ 室內   ④ 出入   ⑤ 內

1. 식물원 <u>안</u>에는 몇 명이 있습니까? _____

2. 하루 <u>입장</u>객이 가장 적은 놀이공원은? _____

3. <u>실내</u>에서는 모자를 벗으세요. _____

4. 지난해부터 대사관 <u>출입</u> 절차가 까다로워졌습니다. _____

1. ⑤ 2. ① 3. ③ 4. ④

02 하늘 아래 팔 벌린 하늘 天, 상투 튼 지아비 夫

하늘 천

지아비 부

'하늘 천'은 하늘 아래 팔 벌리고
서있는 사람의 모습이에요.

'지아비 부'는 상투를 튼
결혼한 어른의 모습이에요.

 풀이말을 큰 소리로 읽으며 획을 따라 쓰세요.

따라 써 봐!

天	天	天	天
하늘 아래	팔 벌린 사람	하늘 천	하늘 천

夫	夫	夫	夫
상투 틀고	팔 벌린 사람	지아비 부	지아비 부

 지아비는 아내가 남 앞에서 남편을 부를 때 쓰는 옛말이에요.

반의어 天(하늘 천) ↔ 地(땅 지)

물방울 ⬤ 에 가려진 한자를 필순에 맞게 쓰고, 빈칸에 알맞은 훈과 음을 쓰세요.

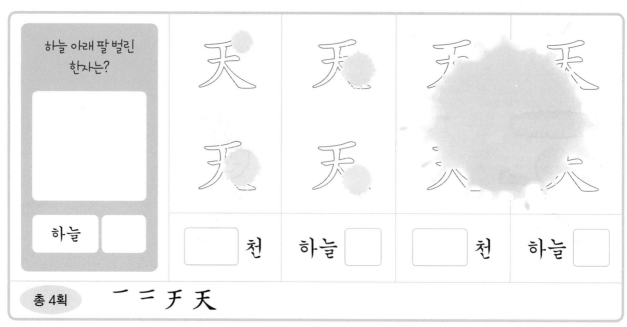

하늘 아래 팔 벌린 한자는?

하늘 | | | 천 | 하늘 | | | 천 | 하늘 |

총 4획 　ㅡ ニ 干 天

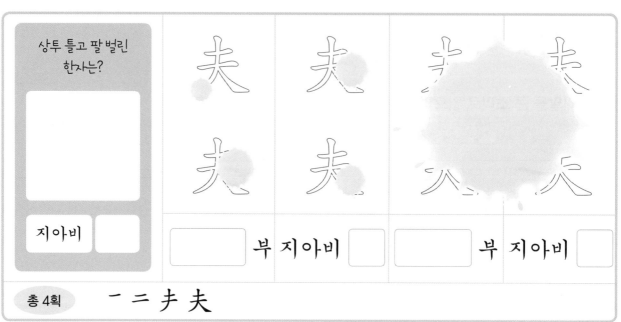

상투 틀고 팔 벌린 한자는?

지아비 | | | 부 | 지아비 | | | 부 | 지아비 |

총 4획 　ㅡ ニ 扌 夫

 한자의 음을 쓰세요.

❶ 하늘 아래 온 세상 天下 　하

❷ 농사짓는 사람 農夫 　농

❸ 하늘이 내려준 天然 　연

❹ 학문을 익히는 工夫 　공

예습! 7급 한자　下(아래 하) 農(농사 농) 然(그러할 연) 工(장인 공)

문장을 소리 내어 읽고 한자의 음을 쓰세요.

소리 내어 문장 읽기	한자 음 쓰기	
국어2 ❶ 황소가 된 돌쇠는 **農夫**에게 팔려갔습니다.	농	
❷ 올해 **天下**장사는 들배지기로 상대방을 넘어뜨렸습니다.	하	
❸ 진돗개는 **天然**기념물입니다.	연	
국어2 ❹ **工夫**한 내용을 정리하고 차분히 되돌아봅니다.	공	

도전! 7급 시험

밑줄 친 뜻에 해당하는 한자를 찾거나, 음에 해당하는 한자어를 〈보기〉에서 찾아보세요.

〈보기〉 　　①天下　　②農夫　　③天　　④工夫　　⑤夫

1. 여왕개미와 수개미가 <u>하늘</u>로 날아올라요.　　_____

2. <u>농부</u>들이 봄에 씨를 뿌렸습니다.　　_____

3. <u>공부</u>할 문제를 스스로 생각해 보세요.　　_____

4. 놀부는 <u>천하</u>가 다 아는 구두쇠입니다.　　_____

1.③ 2.② 3.④ 4.①

03 두 다리로 서있는 설 立, 삐치고 긋는 글월 文

설 립

'설 립'은 머리 들고 두 팔 벌린 사람이
두 다리로 땅을 딛고 서있는 모습이에요.

글월 문

'글월 문'은 사람이 붓으로
이리저리 글을 쓰는 모습이에요.

 풀이말을 큰 소리로 읽으며 획을 따라 쓰세요.

따라 써 봐!

立	立	立	立	立
머리, 팔	두 다리로	땅을 딛고선	설 립	설 립

文	文	文	文	文
머리, 팔을 들고	삐치고 긋어	글을 쓰는	글월 문	글월 문

 立(설 립)은 보통 國立(국립)처럼 '립'으로 읽지만 낱말의 처음에 오면 立春(입춘)처럼 '입'으로 읽어요.
文(글월 문)은 원래 사람의 가슴에 새긴 무늬를 본뜬 글자예요. 그래서 文樣(문양)에서는 '무늬'를 뜻해요.

16

물방울 ⬤ 에 가려진 한자를 필순에 맞게 쓰고, 빈칸에 알맞은 훈과 음을 쓰세요.

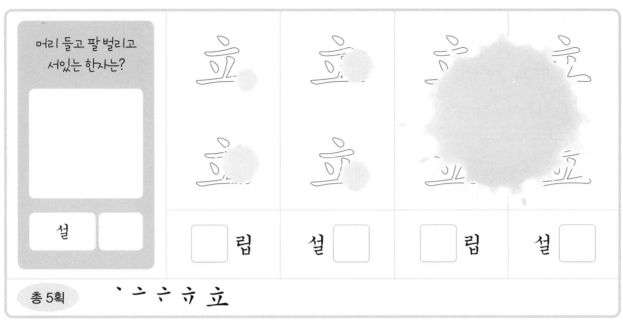

머리 들고 팔 벌리고 서있는 한자는? 설 ☐	立 立 ☐ 립	立 立 설 ☐	立 立 ☐ 립	立 立 설 ☐
총 5획	`丶 二 二 ㅗ 立`			

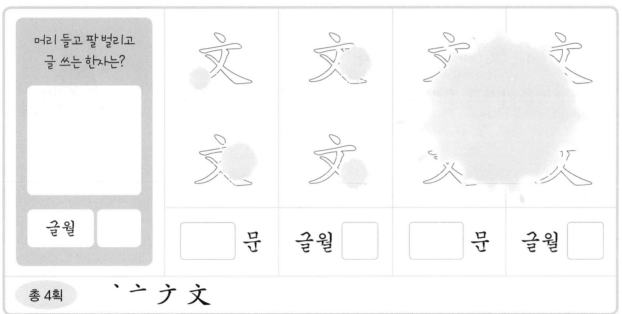

머리 들고 팔 벌리고 글 쓰는 한자는? 글월 ☐	文 文 ☐ 문	文 文 글월 ☐	文 文 ☐ 문	文 文 글월 ☐
총 4획	`丶 一 ㅜ 文`			

 한자의 음을 쓰세요.

❶ 스스로 서는 **自立** 자 ☐

❷ 문화가 이룩한 **文物** 물

❸ 시에서 세운 **市立** 시 ☐

❹ 글로 나타낸 예술 **文學**

예습! 7급 한자 自(스스로 자) 物(물건 물) 市(저자 시)　　**복습! 8급 한자** 學(배울 학)

문장을 소리 내어 읽고 한자의 음을 쓰세요.

소리 내어 문장 읽기	한자 음 쓰기
❶ 이 **市立** 도서관은 시민이면 누구나 이용할 수 있습니다.	시
❷ 외국 **文物**을 우리 사정에 맞게 받아들여야 합니다.	물
❸ 그는 우선 일자리를 얻어 **自立**하려고 합니다.	자
❹ 어머니는 **文學**에 대한 애착과 열정을 가지고 계십니다.	

도전! 7급 시험

밑줄 친 뜻에 해당하는 한자를 찾거나, 음에 해당하는 한자어를 〈보기〉에서 찾아보세요.

〈보기〉 　　① 立　　② 文物　　③ 市立　　④ 文　　⑤ 文學

1. 오늘 <u>시립</u>교향악단의 연주회가 있습니다. _____

2. 서로 다른 <u>문물</u>이 섞여 새로운 문화를 만듭니다. _____

3. <u>문학</u>은 다양한 우리 삶을 표현합니다. _____

4. 나만의 만화영화 회사를 <u>세웠</u>습니다. _____

풀에서 피는 꽃 花, 사람이 물건을 고쳐 편할 便

꽃 화

'꽃 화'는 풀이 자라 어느 날 '화~악'
꽃으로 변한 모습이에요.

편할 편

'편할 편'은 사람이 물건을 고쳐
편리하게 사용하는 모습이에요.

 풀이말을 큰 소리로 읽으며 획을 따라 쓰세요.

따라 써 봐!

花	花	花	花
풀이 자라	꽃이 되는	꽃 화	꽃 화

便	便	便	便
사람이	고장난 물건을 고쳐	편할 편	편할 편

花(꽃 화)에서 化는 사람이 똑바로 서있다가 거꾸로 서는 '될 화'예요.
便(편할 편)의 오른쪽은 更(고칠 경)이라는 한자예요. 便(편할 편)은 소변(小便)처럼 '똥오줌 변'으로도 씁니다.
필순 花를 쓸 때 艹는 十(열 십)을 두 번 쓰면 돼요. 그리고 化에서 匕는 ╱을 먼저 써요.

19

물방울 ○ 에 가려진 한자를 필순에 맞게 쓰고, 빈칸에 알맞은 훈과 음을 쓰세요.

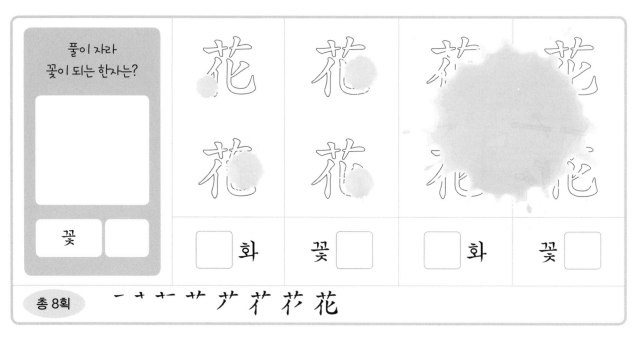

풀이 자라 꽃이 되는 한자는? 꽃	花	花	花	花
	☐ 화	꽃 ☐	☐ 화	꽃 ☐

총 8획　一 十 十 艹 艹 花 花 花

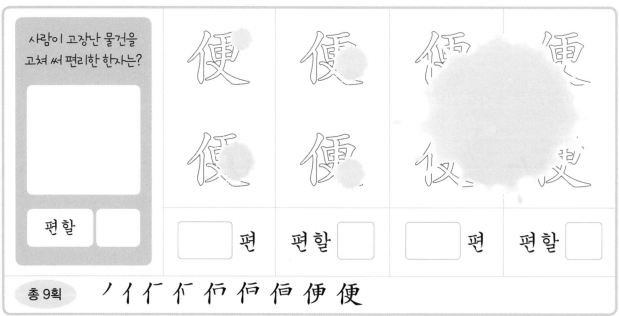

사람이 고장난 물건을 고쳐 써 편리한 한자는? 편할	便	便	便	便
	☐ 편	편할 ☐	☐ 편	편할 ☐

총 9획　ノ 亻 亻 佀 佰 佰 便 便

 한자의 음을 쓰세요.

① 꽃과 풀 **花草** 　초

② 편하고 안락한 **便安** 　안

③ 온갖 꽃 **百花** 　백

④ 편한지 묻는 **便紙** 　지

예습! 7급 한자　草(풀 초) 安(편안할 안) 百(일백 백) 紙(종이 지)

소리 내어 문장 읽기	한자 음 쓰기
❶ 마당에는 여러 가지 **花草**가 피어 있습니다.	초
❷ 군대에 간 오빠의 **便紙**를 받고 매우 기뻤습니다.	지
❸ 화창한 봄날 **百花**가 만발합니다.	백
❹ 그는 의자에 **便安**히 앉아 책을 읽습니다.	안

도전! 7급 시험

밑줄 친 뜻에 해당하는 한자를 찾거나, 음에 해당하는 한자어를 〈보기〉에서 찾아보세요.

〈보기〉   ①花草   ②便安   ③花   ④便紙   ⑤自立

1. 피어 있는 초롱꽃은 몇 송이입니까? _____
2. 고향에 계신 부모님께 편지를 썼습니다. _____
3. 이 화초는 물을 조금만 주어야 합니다. _____
4. 어머니 품은 아늑하고 편안합니다. _____

1.③ 2.④ 3.① 4.②

05 웅크린 몸 고을 邑, 사랑하는 몸 빛 色

고을 읍

빛 색

'고을 읍'은 입과 몸을 웅크린 사람을 그렸어요. 사람들이 몸을 웅크리고 땅을 파며 함께 모여 사는 고을이에요.

'빛 색'은 짝짓기하는 수컷과 암컷을 그렸어요. 짝짓기할 때 몸 빛깔이 예쁘게 변해요.

 풀이말을 큰 소리로 읽으며 획을 따라 쓰세요.

 따라 써 봐!

邑	邑	邑	邑	邑
입 벌리고	몸 웅크리고	함께 모여 사는	고을 읍	고을 읍

色	色	色	色	色
몸 구부린 수컷과	몸 웅크린 암컷이	서로 좋아 빛나는	빛 색	빛 색

 읍(邑)은 강원도(道) 정선군(郡) 정선읍(邑) 봉양리(里)의 '정선읍'처럼 작은 행정구역을 말해요.
色(빛 색)은 빛을 받아 나타나는 빛깔을 가리켜요. 빛깔은 색깔, 색채와 비슷한 말이에요.
邑과 色의 아래 巴는 ㄱ → ㅗ → ㄴ의 순서로 써요.

물방울 ● 에 가려진 한자를 필순에 맞게 쓰고, 빈칸에 알맞은 훈과 음을 쓰세요.

입을 벌리고 몸을 웅크린 한자는?			
고을	☐ 읍	고을 ☐	☐ 읍	고을 ☐

총 7획　　ㅣ ㅁ ㅁ 무 뮤 묘 邑

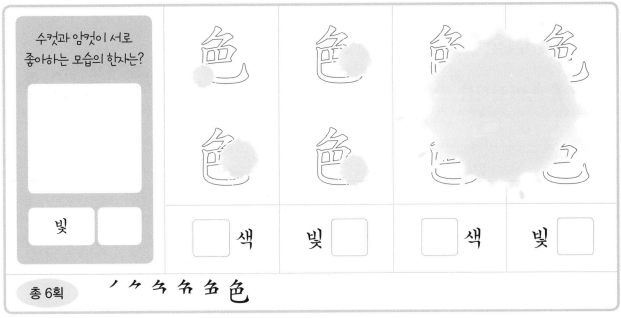

수컷과 암컷이 서로 좋아하는 모습의 한자는?			
빛	☐ 색	빛 ☐	☐ 색	빛 ☐

총 6획　　ㅈ ㅅ ㅅ 추 쇼 色

 한자의 음을 쓰세요.

❶ 읍의 구역 안쪽 **邑內** ☐

❷ 다섯 가지 빛깔 **五色** ☐

❸ 작은 고을 **小邑** ☐

❹ 파란색 **靑色** 청

예습! 7급 한자　靑(푸를 청)　　**복습! 8급 한자**　五(다섯 오) 小(작을 소)

23

문장을 소리 내어 읽고 한자의 음을 쓰세요.

소리 내어 문장 읽기	한자 음 쓰기
❶ **父母**님은 **邑內**에 음식점을 차리셨습니다.	☐ 님, ☐
❷ 하늘에 **五色** 깃발이 찬란하게 휘날립니다.	☐
❸ 그는 번화하지 않은 **小邑**에서 자랐습니다.	☐
❹ 새싹이 돋으면 강물은 연한 **青色**이 됩니다.	청 ☐

복습! 8급 한자 父(아비 부) 母(어미 모)

 도전! 7급 시험

밑줄 친 뜻에 해당하는 한자를 찾거나, 음에 해당하는 한자어를 〈보기〉에서 찾아보세요.

〈보기〉 ① 邑   ② 色   ③ 小邑   ④ 青色   ⑤ 邑內

1. 검붉은 흙과 <u>청색</u> 하늘이 나를 반깁니다. _____

2. 오소리 아줌마는 <u>읍내</u> 장터까지 갔습니다. _____

3. 여러 가지 <u>빛깔</u>을 넣어 만든 떡이야. _____

4. 옛날 어느 <u>고을</u>에 한 선비가 살았습니다. _____

1. ④ 2. ⑤ 3. ② 4. ①

 빈칸에 알맞은 한자와 훈음을 쓰세요.

들입

夫

빛 색

天

글월 문

고을 읍

工

설 립

文

안 내

便

지아비 부

꽃 화

色

편할 편

邑

빈칸에 알맞은 한자를 <보기>에서 찾아 쓰세요.

<보기> 入 內 天 夫 立 文 花 便 邑 色

① '실 [　] 에서 뛰지 않기'를 꼭 실천합시다.

② 한복을 입으면 경복궁 [　] 장료가 무료입니다.

③ 오 [　] 깃발이 찬란하게 휘날립니다.

④ 황소가 된 돌쇠는 농 [　] 에게 팔려갔습니다.

⑤ 우선 일자리를 얻어 자 [　] 하려고 합니다.

⑥ 그는 의자에 [　] 안히 앉아 책을 읽습니다.

⑦ 어머니는 [　] 학에 대한 열정이 있습니다.

⑧ 진돗개는 [　] 연기념물입니다.

⑨ 마당에는 여러 가지 [　] 초가 피어 있습니다.

⑩ 부모님은 [　] 내에 음식점을 차리셨습니다.

7급 시험 기출 문제

맞힌 개수: ___ / 20 개

[1~8] 다음 한자어의 음(音: 소리)을 쓰세요.

1. 花草^초에 물을 주어야 합니다.

   _____

2. 室內 수영장은 깨끗합니다.

   _____

3. 오빠는 自^자立해 직장에 다닙니다.

   _____

4. 농사는 天下의 대본입니다.

   _____

5. 農^농夫가 씨를 뿌렸습니다.

   _____

6. 便安^안한 자세로 앉으세요.

   _____

7. 꽃들이 五色 영롱하게 피었습니다.

   _____

8. 신부가 예식장에 入場^장했습니다.

   _____

[9~12] 다음 한자의 훈(訓: 뜻)과 음(音: 소리)을 쓰세요.

〈보기〉 字 → 글자 자

9. 邑 _____

10. 立 _____

11. 內 _____

12. 天 _____

[13~15] 다음 한자의 상대 또는 반대되는 한자를 〈보기〉에서 골라 그 번호를 쓰세요.

〈보기〉 ① 月 ② 大 ③ 外

13. 內 ↔ ( )

14. 日 ↔ ( )

15. ( ) ↔ 小

[16~18] 다음 한자어의 뜻을 쓰세요.

16. 室內 _____

17. 自立 _____

18. 花草 _____

• 自(스스로 자) 草(풀 초)

[19~20] 다음 한자의 진하게 표시한 획은 몇 번째 쓰는지 〈보기〉에서 찾아 그 번호를 쓰세요.

〈보기〉
⑤ 다섯 번째   ⑥ 여섯 번째
⑦ 일곱 번째   ⑧ 여덟 번째
⑨ 아홉 번째   ⑩ 열 번째

19. 邑 _____

20. 花 _____

머리 큰 아들 子, 아이가 배우는 글자 字

子
아들 자

字
글자 자

'아들 자'는 머리와 몸통을 그렸어요.
두 팔을 벌린 아이 모습이에요.

'글자 자'는 집 안에서 아이가 글을 배우는
모습이에요.

 풀이말을 큰 소리로 읽으며 획을 따라 쓰세요.

따라 써 봐!

子	子	子	子
큰 머리, 몸통	팔 벌린	아들 자	아들 자

字	字	字	字
집에서	아이가 배우는	글자 자	글자 자

 子(아들 자)는 원래 남녀 구분없이 자식을 나타내는 글자였는데 나중에 아들, 딸을 子女(자녀)로 구별해 사용했어요.
字에서 宀은 지붕 모양으로 '집'을 나타내요. 그래서 字는 집(宀)에서 아이(子)가 글을 배우는 '글자 자'예요.

반의어 子(아들 자) ↔ 女(여자 녀)

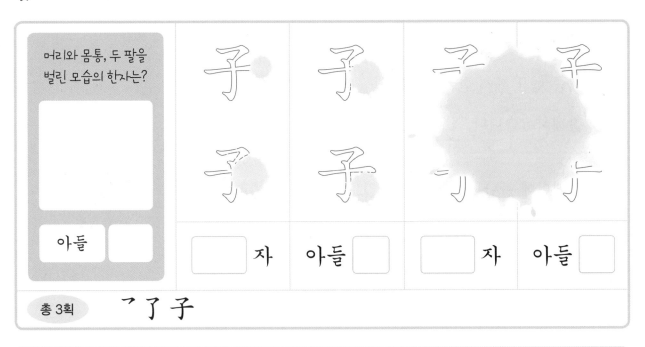

머리와 몸통, 두 팔을 벌린 모습의 한자는?				
아들	□ 자	아들 □	□ 자	아들 □

총 3획   ⊃ 了 子

집에서 아이가 글자를 배우는 한자는?				
글자	□ 자	글자 □	□ 자	글자 □

총 6획   ` ` 宀 宀 字 字

 한자의 음을 쓰세요.

❶ 어머니와 아들 **母子** ▢

❷ 말을 나타내는 글자 **文字** ▢

❸ 부모를 잘 섬기는 **孝子** 효▢

❹ 책을 찍어내는 글자 **活字** 활▢

예습! 7급 한자 孝(효도 효) 活(살 활)   복습! 8급 한자 母(어미 모)

문장을 소리 내어 읽고 한자의 음을 쓰세요.

소리 내어 문장 읽기	한자 음 쓰기
❶ 세종 **大王**께서 한글 **文字**를 창제하셨습니다.	세종 ☐☐ , ☐☐
❷ 오랜만에 만난 **母子**는 밤이 깊도록 이야기를 나누었습니다.	☐☐ 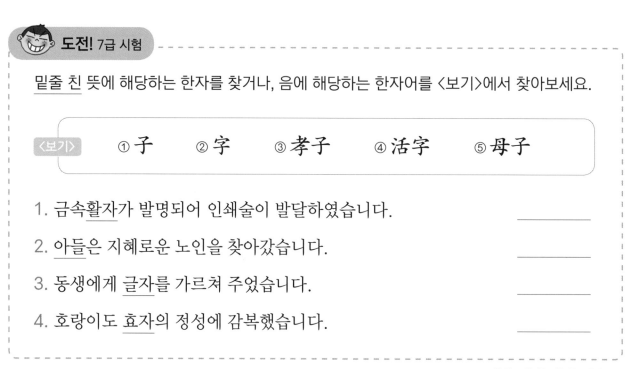
❸ 직지심체요절은 세계에서 가장 오래된, 금속 **活字**로 인쇄된 책입니다.	활☐
❹ 그는 어머니를 극진히 모시는 **孝子**입니다.	효☐

복습! 8급 한자 大(큰 대), 王(임금 왕)

🙂 도전! 7급 시험

밑줄 친 뜻에 해당하는 한자를 찾거나, 음에 해당하는 한자어를 〈보기〉에서 찾아보세요.

〈보기〉 ① 子　② 字　③ 孝子　④ 活字　⑤ 母子

1. 금속활자가 발명되어 인쇄술이 발달하였습니다. _____
2. 아들은 지혜로운 노인을 찾아갔습니다. _____
3. 동생에게 글자를 가르쳐 주었습니다. _____
4. 호랑이도 효자의 정성에 감복했습니다. _____

1.④ 2.① 3.② 4.③

07 지팡이 짚고 쉬는 늙을 老, 아비 업은 효도 孝

늙을 로

'늙을 로'는 나이 든 늙은 사람이 지팡이 짚고
걷다가 앉아 쉬는 모습이에요.

효도 효

'효도 효'는 아들이 늙은 아비를 업고 모시며
효도하는 모습이에요.

 풀이말을 큰 소리로 읽으며 획을 따라 쓰세요.

 따라 써 봐!

老	老	老	老	老
팔 들고	지팡이 짚고	앉아 쉬는 늙은 사람	늙을 로	늙을 로

孝	孝	孝	孝
늙은 아비를	아들이 업고 모시는	효도 효	효도 효

 老(늙을 로) 孝(효도 효)에서 土는 팔을 들고 있는 사람을 나타내요.

필순 老에서 土는 ╱을 먼저 써요.

반의어 (늙을 로) ↔ 少(젊을 / 적을 소)

물방울 ⬤ 에 가려진 한자를 필순에 맞게 쓰고, 빈칸에 알맞은 훈과 음을 쓰세요.

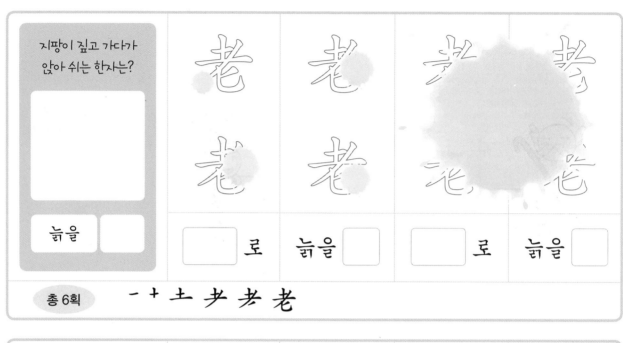

지팡이 짚고 가다가 앉아 쉬는 한자는?	老 老	老 老	老 老	老 老
늙을 ☐	☐ 로	늙을 ☐	☐ 로	늙을 ☐
총 6획	一 + 土 耂 耂 老			

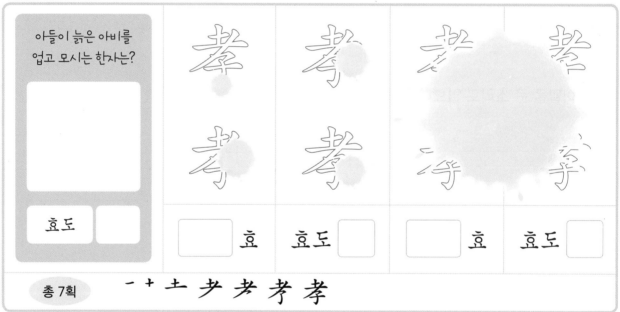

아들이 늙은 아비를 업고 모시는 한자는?	孝 孝	孝 孝	孝 孝	孝 孝
효도 ☐	☐ 효	효도 ☐	☐ 효	효도 ☐
총 7획	一 + 土 耂 耂 考 孝			

 한자의 음을 쓰세요.

❶ 늙으신 어머니 **老母** ☐

❷ 부모를 섬기는 도리 **孝道** ☐도

❸ 늙은이와 젊은이 **老少** ☐소

❹ 부모를 섬기는 마음 **孝心** ☐심

예습! 7급 한자 道(길 도) 少(젊을 소) 心(마음 심)   복습! 8급 한자 母(어미 모)

문장을 소리 내어 읽고 한자의 음을 쓰세요.

소리 내어 문장 읽기	한자 음 쓰기
❶ 수재민 돕기 모금에 남녀 **老少** 모두 참여했습니다.	남녀 ☐
❷ 부모님의 마음을 편히 해 드리는 것이 **孝道**입니다.	☐ 도
❸ 그 젊은이는 **老母**를 위해 산삼을 찾아다녔습니다.	☐
❹ 어린 심청은 아버지에 대한 **孝心**이 지극했습니다.	☐ 심

도전! 7급 시험

밑줄 친 뜻에 해당하는 한자를 찾거나, 음에 해당하는 한자어를 〈보기〉에서 찾아보세요.

〈보기〉   ① **老**   ② **文字**   ③ **老少**   ④ **孝心**   ⑤ **孝道**

1. 노소를 막론하고 누구나 할 수 있는 운동입니다. _____

2. 사람들은 어린 지희의 효심에 탄복합니다. _____

3. 학교에서 효도에 대한 토론이 있었습니다. _____

4. 내가 늙고 힘이 없어 그런다네. _____

1.③ 2.④ 3.⑤ 4.①

집에 여자가 있어 **편안 安**, 여자가 아이를 낳아 **성 姓**

安

편안 안

'편안 안'은 집 안에 여자가 있어
편안한 모습을 그렸어요.

姓

성 성

'성 성'은 여자가 새싹같은 아이를 낳아
한 집안의 대를 잇는 모습이에요.
'강', '김', '박' 등 성씨를 가리켜요.

 풀이말을 큰 소리로 읽으며 획을 따라 쓰세요.

따라 써 봐!

安	安	安	安	安
집 안에	여자가 있어	편안하니	편안 안	편안 안

姓	姓	姓	姓	姓
여자가	아이를 낳아	대를 잇는	성 성	성 성

安에서 위 宀은 지붕과 벽을 그린 '집 면'이에요.
姓에서 生은 새싹(宀)이 흙(土)에서 삐죽 돋아나오는 '날 생'이에요.
필순 安에서 女는 가로 획 一을 맨 나중에 써요.

물방울 에 가려진 한자를 필순에 맞게 쓰고, 빈칸에 알맞은 훈과 음을 쓰세요.

집 안에 여자가 있어 편안한 한자는?				
편안		안	편안	안	편안
총 6획	`丶丶宀宀安安`			

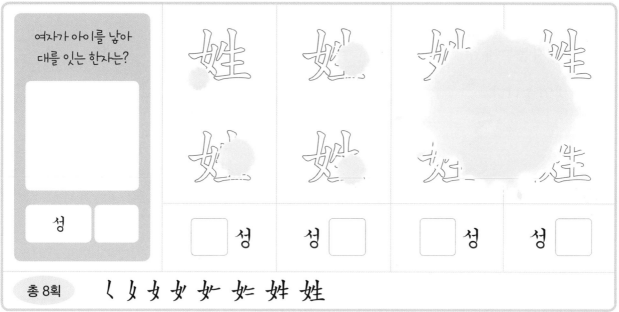

여자가 아이를 낳아 대를 잇는 한자는?				
성		성	성	성	성
총 8획	`く 女 女 女 姓 姓 姓 姓`			

 한자의 음을 쓰세요.

❶ 모두 편안함 **安全** [전]

❷ 여러 성씨의 국민 **百姓** [ ]

❸ 마음이 편안함 **安心** [심]

❹ 성씨와 이름 **姓名** [명]

예습! 7급 한자 全(온전할 전) 心(마음 심) 名(이름 명) 百(일백 백)

문장을 소리 내어 읽고 한자의 음을 쓰세요.

소리 내어 문장 읽기	한자 음 쓰기
❶ **百姓**은 나라의 근본입니다.	
❷ 배가 태풍을 피해 항구에 **安全**히 정박했습니다.	☐전
❸ 문단속을 마친 후 **安心**하고 잠이 들었습니다.	☐심
❹ **便**지봉투에 주소와 **姓名**을 적었습니다.	☐지봉투, ☐

😀 **도전!** 7급 시험

밑줄 친 뜻에 해당하는 한자를 찾거나, 음에 해당하는 한자어를 〈보기〉에서 찾아보세요.

〈보기〉   ① **安全**   ② **百姓**   ③ **安心**   ④ **姓名**   ⑤ **姓**

1. 위험한 고비는 넘겼으니 <u>안심</u>하세요.   _____
2. 가스는 정기적으로 <u>안전</u> 검사를 해야 합니다.   _____
3. 교과서에 자기 <u>성명</u>을 기입하세요.   _____
4. 백성의 마음을 민<u>심</u>이라고 부릅니다.   _____

1. ③ 2. ① 3. ④ 4. ②

09 엄마가 젖 먹이는 매양 每, 물이 때마다 오가는 바다 海

 每

매양 매

  海

바다 해

'매양 매'는 고개 숙인 엄마가 매일 아이에게 젖을 먹이는 모습이에요.

'바다 해'는 밀물과 썰물이 매양(때마다) 밀려왔다 쓸려나가는 바다를 가리켜요.

 풀이말을 큰 소리로 읽으며 획을 따라 쓰세요.

따라 써 봐!

每	每	每	每
고개 숙이고	어미가 때마다 젖을 먹이는	매양 매	매양 매

海	海	海	海
물이	때마다 밀려오는	바다 해	바다 해

 每에서 ㅗ는 고개 숙인 모습이에요. 母는 '어미 모'예요. 每(매양 매)에서 매양은 '매 때마다'라는 뜻이에요.

필순 每에서 母는 ㄴ → ㄱ → 두 점 → ─ 순서로 써요.

반의어 父(아비 부) ↔ 母(어미 모)

물방울 ● 에 가려진 한자를 필순에 맞게 쓰고, 빈칸에 알맞은 훈과 음을 쓰세요.

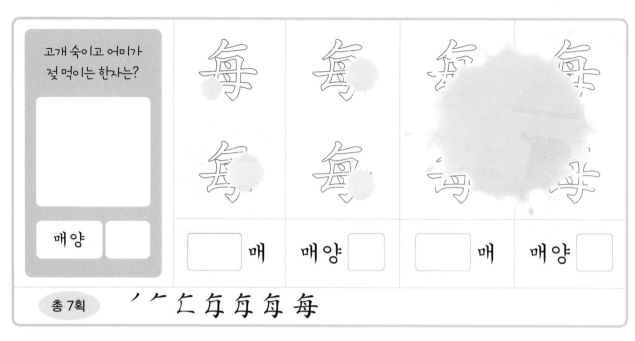

고개 숙이고 어미가 젖 먹이는 한자는?		
매양		

□ 매 　매양 □ 　□ 매 　매양 □

총 7획　ノ ー 仁 与 写 每 每

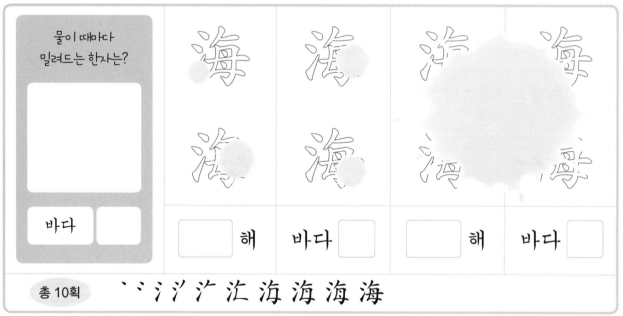

물이 때마다 밀려드는 한자는?		
바다		

□ 해 　바다 □ 　□ 해 　바다 □

총 10획　丶 丶 氵 氵 汇 汇 海 海 海 海

 한자의 음을 쓰세요.

❶ 하나하나 일마다 **每事**　　사　　❷ 바다의 동·식물 **海物**　　물

❸ 매 시간마다 **每時**　　시　　❹ 바다 위 **海上**　　상

예습! 7급 한자　事(일 사) 物(물건 물) 時(때 시) 上(위 상)

38

문장을 소리 내어 읽고 한자의 음을 쓰세요.

소리 내어 문장 읽기	한자 음 쓰기	
❶ 전 *海上*이 흐리고 3~4m의 높은 파도가 일겠습니다.	상	
❷ 온갖 *海物*을 넣고 매운탕을 끓여 먹었습니다.	물	
❸ 의사는 *每時* 나의 맥박을 쟀습니다.	시	
❹ 아버지는 *每事*를 신중히 처리하라고 말씀하십니다.	사	

도전! 7급 시험

밑줄 친 뜻에 해당하는 한자를 찾거나, 음에 해당하는 한자어를 <보기>에서 찾아보세요.

<보기>   ①每事   ②海   ③每時   ④海上   ⑤每

1. 내가 아침<u>마다</u> 사람들을 깨워주는 거야.   _____

2. 현주는 매사를 긍정적으로 생각합니다.   _____

3. 전 해상에 폭풍 경보가 발효 중입니다.   _____

4. <u>바다</u>로 떠난 여행은 신나는 경험이었습니다.   _____

1. ⑤ 2. ① 3. ④ 4. ②

할아비 조

한수 한

'할아비 조'는 제단과 음식을 쌓은 모양이에요. 제단에 음식을 쌓고 제사를 지내는 '할아버지'를 가리켜요.

'한수 한'은 물가에서 열 번, 스무 번 입을 벌리며 지아비가 힘들게 일하는 '한수' 땅을 그렸어요.

 풀이말을 큰 소리로 읽으며 획을 따라 쓰세요.

따라 써 봐!

祖	祖	祖	祖	祖
제단에	음식 쌓고	제사 지내는	할아비 조	할아비 조

漢	漢	漢	漢	漢
물가에서	스무 번 입 벌리며	지아비가 힘들게 일하는 땅	한수 한	한수 한

 漢에서 廿은 十을 두 번 더한 廿(스무 입)이에요. 그래서 漢은 氵(물 수) + 廿(스무 입) + 口(입 구) + 夫(지아비 부)로 만들어진 글자예요.

필순 漢에서 廿는 ─을 맨 먼저 써요. 또 ─ → | | → ─ 4획이에요.

물방울 ⬤ 에 가려진 한자를 필순에 맞게 쓰고, 빈칸에 알맞은 훈과 음을 쓰세요.

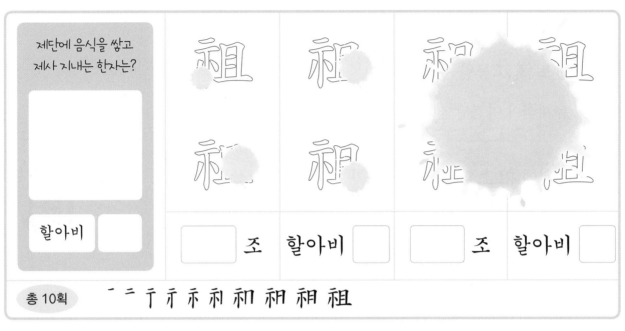

제단에 음식을 쌓고
제사 지내는 한자는?

할아비 ☐

祖 祖 祖 祖

☐ 조   할아비 ☐   ☐ 조   할아비 ☐

총 10획   一 一 二 干 耒 耒 利 和 袒 袒 祖

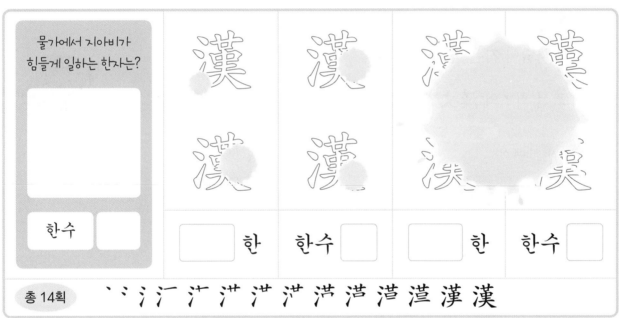

물가에서 지아비가
힘들게 일하는 한자는?

한수 ☐

漢 漢 漢 漢

☐ 한   한수 ☐   ☐ 한   한수 ☐

총 14획   丶 丶 氵 汁 沣 沣 汼 汼 汼 汼 漢 漢

 한자의 음을 쓰세요.

❶ 할아버지 웃어른 祖上   상

❷ 서울을 흐르는 漢江   강

❸ 윗대 조상 先祖 ☐

❹ 한자로 쓴 문장 漢文 ☐

예습! 7급 한자 上(위 상) 江(강 강)   복습! 8급 한자 先(먼저 선)

문장을 소리 내어 읽고 한자의 음을 쓰세요.

소리 내어 문장 읽기	한자 음 쓰기
❶ 반포 漢江공원 서래섬은 유채꽃이 아름답습니다.	☐ 강
❷ 명절에 祖上의 山소를 찾아가 성묘합니다.	☐ 상 , ☐ 소
❸ 이 땅에는 先祖들이 남긴 귀중한 유산이 많이 있습니다.	☐
❹ 김시습이 지은 '금오신화'는 조선 최초의 漢文소설입니다.	☐

복습! 8급 한자   山(메 산)

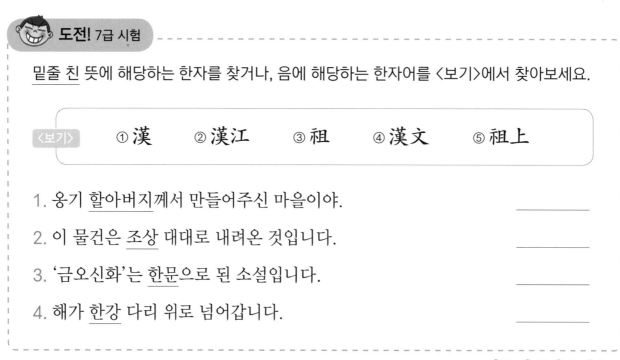

도전! 7급 시험

밑줄 친 뜻에 해당하는 한자를 찾거나, 음에 해당하는 한자어를 〈보기〉에서 찾아보세요.

〈보기〉   ① 漢   ② 漢江   ③ 祖   ④ 漢文   ⑤ 祖上

1. 옹기 할아버지께서 만들어주신 마을이야. _____

2. 이 물건은 조상 대대로 내려온 것입니다. _____

3. '금오신화'는 한문으로 된 소설입니다. _____

4. 해가 한강 다리 위로 넘어갑니다. _____

1.③ 2.⑤ 3.④ 4.②

 빈칸에 알맞은 한자와 훈음을 쓰세요.

글자 자

祖

편안 안

海

성 성

매양 매

한수 한

姓

아들 자

孝

할아비 조

늙을 로

安

효도 효

每

빈칸에 알맞은 한자를 <보기>에서 찾아 쓰세요.

<보기>   子 字 老 孝 安 姓 每 海 祖 漢

① 세종대왕께서 한글 문 ⬜ 를 창제하셨습니다.

② 전 ⬜ 상이 흐리고 높은 파도가 일겠습니다.

③ 배가 태풍을 피해 항구에 ⬜ 전히 정박했습니다.

④ 명절에 ⬜ 상의 산소를 찾아가 성묘합니다.

⑤ 그 젊은이는 ⬜ 모를 위해 산삼을 찾아다녔습니다.

⑥ 편지봉투에 주소와 ⬜ 명을 적었습니다.

⑦ 부모님의 마음을 편히 해드리는 것이 ⬜ 도입니다.

⑧ 반포 ⬜ 강 공원 서래섬은 유채꽃이 아름답습니다.

⑨ 그는 어머니를 극진히 모시는 효 ⬜ 입니다.

⑩ 의사는 ⬜ 시 나의 맥박을 쟀습니다.

7급 시험 기출 문제

맞힌 개수: / 20 개

[1~8] 다음 한자어의 음(音: 소리)을 쓰세요.

<보기> 漢字 → 한자

1. 安全^전 검사를 해야 합니다.
   _____

2. 서류에 姓名^명을 적고 날인하시오.
   _____

3. 그는 孝子로 알려져 있습니다.
   _____

4. 저는 孝道^도 한 번 못한 불효자입니다.
   _____

5. 先^선祖가 남긴 훌륭한 유산이 많습니다.
   _____

6. 漢江^강 다리를 건너고 있습니다.
   _____

7. 老母를 위해 산삼을 찾아다녔습니다.
   _____

8. 현주는 每事^사에 긍정적입니다.
   _____

[9~12] 다음 한자의 훈(訓: 뜻)과 음(音: 소리)을 쓰세요.

<보기> 字 → 글자 자

9. 姓 _____

10. 每 _____

11. 孝 _____

12. 安 _____

[13~15] 다음 한자의 상대 또는 반대되는 한자를 <보기>에서 골라 그 번호를 쓰세요.

<보기> ① 少   ② 水   ③ 女

13. 子 ↔ (   )

14. 老 ↔ (   )

15. 火 ↔ (   )

[16~18] 다음 한자어의 뜻을 쓰세요.

16. 安心 _____

17. 姓名 _____

18. 老少 _____

• 心(마음 심) 名(이름 명) 少(적을/젊을 소)

[19~20] 다음 한자의 진하게 표시한 획은 몇 번째 쓰는지 <보기>에서 찾아 그 번호를 쓰세요.

<보기>
③ 세 번째   ④ 네 번째
⑤ 다섯 번째   ⑥ 여섯 번째
⑦ 일곱 번째   ⑧ 여덟 번째

19. 海 _____

20. 安 _____

11 둥글게 벌린 입 口, 문 앞에서 묻는 물을 問

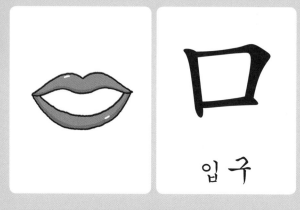

입 구

'입 구'는 입 모양을 그렸어요.
둥근 입을 네모로 그렸네요.

물을 문

'물을 문'은 문 앞에서 입을 열고
누가 안에 있는지 물어보는 모습이에요.

 풀이말을 큰 소리로 읽으며 획을 따라 쓰세요.

따라 써 봐!

口	口	口	口
둥근	입	입구	입 구

問	問	問	問
문 앞에서	입 열고 묻는	물을 문	물을 문

門은 문짝 두 개를 그린 '문 문'이에요. 《바쁜 초등학생을 위한 빠른 급수 한자 - 8급》을 참조하세요.
門은 왼쪽부터 ㅣ(내리긋고) → ㄱ(기역) → 二(두 이)로 써요. 오른쪽은 ㅣ(짧게 긋고) → ㄱ(세로가 긴 기역) → 二(두 이)로 써요.
반의어 問(물을 문) ↔ 答(대답 답)

물방울 ⬤ 에 가려진 한자를 필순에 맞게 쓰고, 빈칸에 알맞은 훈과 음을 쓰세요.

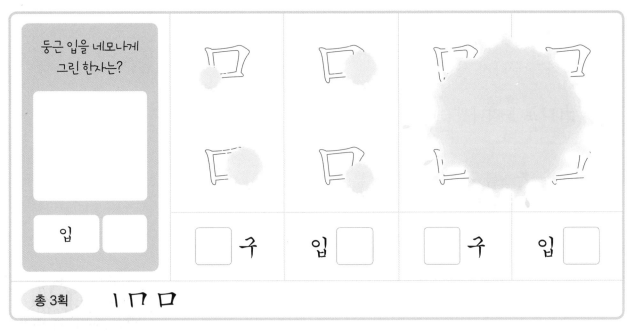

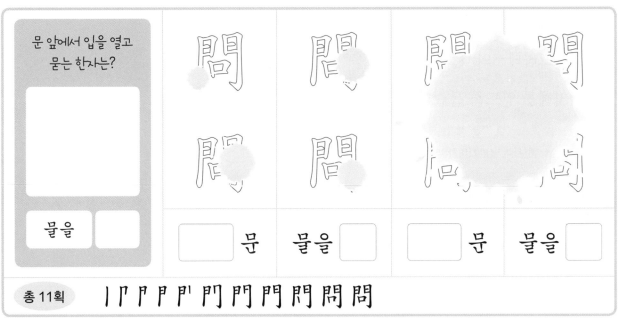

 한자의 음을 쓰세요.

❶ 나가는 곳 出口　　출

❷ 서로 묻고 대답함 問答　　답

❸ 함께 밥 먹는 食口　　식

❹ 묻지 않음 不問　　불

예습! 7급 한자 出(날 출) 答(대답 답) 食(먹을 / 밥 식) 不(아닐 불)

47

문장을 소리 내어 읽고 한자의 음을 쓰세요.

소리 내어 문장 읽기	한자 음 쓰기
❶ 영화가 끝나자 사람들이 出口로 몰려나왔습니다.	출 [ ]
❷ 男女老소를 不問하고 해당 분야의 자격증 소지자를 찾습니다.	[ ] 소, [ ]
❸ 우리는 아홉 食口가 모여 사는 대가족입니다.	[ ]
❹ 소크라테스의 대화법은 問答을 통해 지혜를 얻도록 돕습니다.	[ ]

복습! 8급 한자 男(사내 남) 女(여자 녀) 老(늙을 로)

도전! 7급 시험

밑줄 친 뜻에 해당하는 한자를 찾거나, 음에 해당하는 한자어를 <보기>에서 찾아보세요.

<보기>   ① 口   ② 問   ③ 食口   ④ 問答   ⑤ 不問

1. 청바지는 남녀노소를 불문하고 입습니다. _____
2. 우리 다섯 식구는 그런대로 단란하게 살았습니다. _____
3. 그리고 고기를 입으로 가져갔습니다. _____
4. 쓰레기를 분류하고 물음에 답을 하세요. _____

1.⑤ 2.③ 3.① 4.②

허리 굽혀 바치는 목숨 命, "옳다!" 소리치는 노래 歌

목숨 명

노래 가

'목숨 명'은 지붕 아래 입을 벌리고 허리를 굽힌 사람을 그렸어요. 아랫사람에게 목숨바쳐 일하라고 명령하는 글자예요.

'노래 가'는 "옳다(可)! 옳다(可)!" 소리치며 턱을 크게 벌리고 노래하는 사람의 모습이에요.

 풀이말을 큰 소리로 읽으며 획을 따라 쓰세요.

 따라 써 봐!

	命	命	命	命
지붕 아래	입을 벌려 허리를 굽히고	명령에 목숨 바치는	목숨 명	목숨 명

	歌	歌	歌	歌
"옳다! 옳다!" 소리치며	턱을 크게 벌리고	노래하는	노래 가	노래 가

 歌(노래 가)의 可는 막대기에 보따리를 매고 옳다고 소리치는 '옳을 가'예요. 또 欠은 턱을 벌리고 하품하는 사람 '하품 흠'이에요.

필순 命에서 𠆢은 기역(ㄱ)을 먼저 쓰고 내려그어요(丨). 또 歌에서 可는 一 → 口 → 丨의 순서로 써요.

49

물방울 ⬤ 에 가려진 한자를 필순에 맞게 쓰고, 빈칸에 알맞은 훈과 음을 쓰세요.

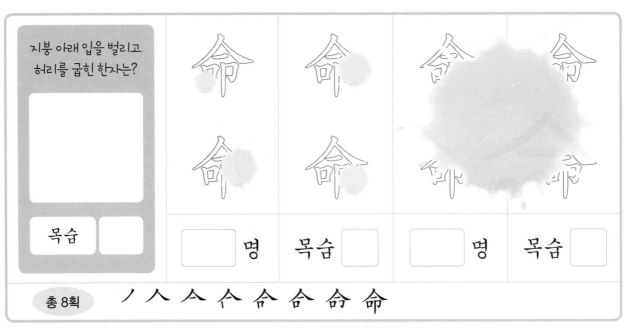

지붕 아래 입을 벌리고 허리를 굽힌 한자는?

목숨 [ ]

명 목숨 [ ] 명 목숨 [ ]

총 8획   丿 人 𠆢 亼 슦 슮 命 命

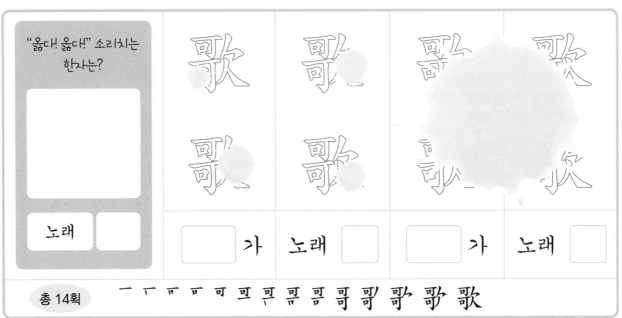

"옳다! 옳다!" 소리치는 한자는?

노래 [ ]

가 노래 [ ] 가 노래 [ ]

총 14획   一 丆 哥 哥 哥 哥 哥 哥 哥 哥 哥 歌 歌 歌

 한자의 음을 쓰세요.

❶ 살아 있게 하는 힘 **生命** [   ]   ❷ 노래 부르는 사람 **歌手** [수]

❸ 임금의 명령 **王命** [   ]   ❹ 학교 대표 노래 **校歌** [   ]

예습! 7급 한자 手(손 수)   **복습!** 8급 한자 生(날 생) 王(임금 왕) 校(학교 교)

50

문장을 소리 내어 읽고 한자의 음을 쓰세요.

소리 내어 문장 읽기	한자 음 쓰기
❶ 시나 소설은 독창성이 **生命**입니다.	
❷ 경기에 이긴 **學生**들은 목청껏 **校歌**를 불렀습니다.	
❸ 암행어사는 **王命**을 받들어 지방의 **民**정을 살핍니다.	정
❹ 그는 노래를 좋아해 아이돌 **歌手**가 되었습니다.	

복습! 8급 한자 學(배울 학) 民(백성 민)

 도전! 7급 시험

밑줄 친 뜻에 해당하는 한자를 찾거나, 음에 해당하는 한자어를 <보기>에서 찾아보세요.

<보기>　　①校歌　　②歌手　　③命　　④歌　　⑤生命

1. 떡을 줄 테니 제발 목숨만 살려주세요. ＿＿＿＿＿

2. 그녀는 세계를 무대로 활동하는 가수입니다. ＿＿＿＿＿

3. 사람의 생명보다 귀한 것이 또 있을까? ＿＿＿＿＿

4. 수탉은 지붕에서 노래를 불렀어요. ＿＿＿＿＿

1.③ 2.② 3.⑤ 4.④

13 대나무 속 하나로 뚫린 **한가지 同**, 물이 한 곳에 모여 **골 洞**

한가지 동

'한가지 동'은 대나무 마디의 막힌 곳이 뚫려
한 곳으로 통하는 모양이에요.

골 동

'골 동'은 산에서 물이 한 곳에 모이는
산골짜기를 그렸어요.

 풀이말을 큰 소리로 읽으며 획을 따라 쓰세요.

따라 써 봐!

同	同	同	同	同
대나무 마디에	구멍이 뚫려	한 곳으로 통하는	한가지 동	한가지 동

洞	洞	洞	洞	洞
물이	한 곳에 모이는	골짜기	골 동	골 동

同(한가지 동)은 '같을 동'이라고도 해요.
洞(골 동)에서 골은 골짜기의 준말이에요. 또 삼성동, 목동처럼 마을의 뜻으로 많이 써요.
필순 洞에서 同은 둘레(冂)를 먼저 쓰고 안에 있는 一과 口를 차례대로 써요.

대나무에 구멍이 한 곳으로 뚫린 한자는? 한가지 ☐	☐ 동 한가지 ☐	☐ 동 한가지 ☐
총 6획	丨 冂 冂 冋 同 同	

물이 흘러 한 곳에 모이는 한자는? 골 ☐	☐ 동 골 ☐	☐ 동 골 ☐
총 9획	⸜ ⸝ 氵 汩 汩 沪 洞 洞 洞	

 한자의 음을 쓰세요.

❶ 같은 때 **同時** [　시　]

❷ 동네 어귀 **洞口** [　　　]

❸ 같은 이름 **同名** [　명　]

❹ 마을 **洞里** [　리　]

예습! 7급 한자 時(때 시) 名(이름 명) 里(마을 리)

문장을 소리 내어 읽고 한자의 음을 쓰세요.

소리 내어 문장 읽기	한자 음 쓰기
① 洞口밖 과수원길 아카시아 꽃이 활짝 폈네.	
수학2 ② 同時에 같은 수를 말하면 모두 탈락입니다.	시
③ 洞里 꼬마들이 썰매를 타고 있습니다.	리
④ 우리 반에는 나와 同名인 친구가 있습니다.	명

도전! 7급 시험

밑줄 친 뜻에 해당하는 한자를 찾거나, 음에 해당하는 한자어를 <보기>에서 찾아보세요.

| <보기> | ① 同時 | ② 洞口 | ③ 同名 | ④ 同 | ⑤ 洞里 |

1. 친구를 배웅하러 동구 밖까지 나갔습니다. ＿＿＿＿＿
2. 온 동리 사람들이 모두 모여들었습니다. ＿＿＿＿＿
3. 그는 농부인 동시에 시인입니다. ＿＿＿＿＿
4. 같은 모양끼리 분류해 보세요. ＿＿＿＿＿

1.② 2.⑤ 3.① 4.④

14 혀에 물이 닿아 **살 活**, 혀를 날름거리며 **말씀 話**

살 활

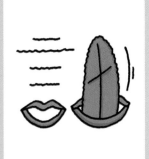

말씀 화

'살 활'은 물이 혀에 닿아
혀가 살아 움직이는 모양이에요.

'말씀 화'는 혀를 날름거리며
재미있게 말하는 모양이에요.

 풀이말을 큰 소리로 읽으며 획을 따라 쓰세요.

따라 써 봐!

活	活	活	活	活
물이	혀에 닿아	살아나는	살 활	살 활

話	話	話	話	話
말을	혀를 날름거리며	재미있게 하는	말씀 화	말씀 화

 活의 훔은 혀가 이리저리(千) 입(口)에서 움직이는 '혀 설'이에요. 話의 흠은 말이 여러 번(二二) 입(口)에서 나오는 '말씀 언'
이에요.

필순 活에서 千은 ⌒을 쓰고 十(열 십)을 쓰면 돼요.

물방울 ⚪ 에 가려진 한자를 필순에 맞게 쓰고, 빈칸에 알맞은 훈과 음을 쓰세요.

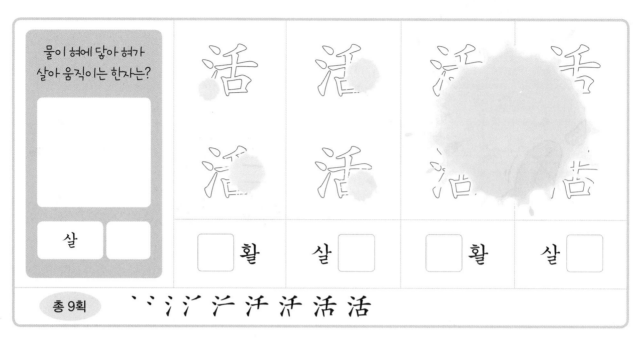

물이 혀에 닿아 혀가 살아 움직이는 한자는?				
살		☐ 활	살 ☐	☐ 활	살 ☐

총 9획 　ヽ　ヽ　氵　氵　氵　汗　浐　活　活

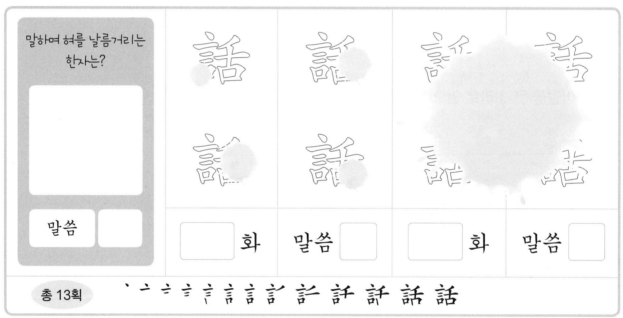

말하며 혀를 날름거리는 한자는?				
말씀		☐ 화	말씀 ☐	☐ 화	말씀 ☐

총 13획 　ヽ　ニ　主　言　言　言　言　話　話　話　話　話

 한자의 음을 쓰세요.

❶ 살아 움직임 **活動**　　동

❷ 전화기로 이야기함 **電話**　　전

❸ 살아있는 기운 **活氣**　　기

❹ 손짓으로 이야기함 **手話**　　수

예습! 7급 한자 動(움직일 동) 電(번개 전) 氣(기운 기) 手(손 수)

문장을 소리 내어 읽고 한자의 음을 쓰세요.

소리 내어 문장 읽기	한자 음 쓰기
_{수학 2} ❶ 실제로 *活動*하면서 수학의 재미를 느껴 보세요.	동
❷ 말을 못하는 사람들은 *手話*로 자신의 생각을 표현합니다.	수
❸ 시장은 상인과 행인들로 *活氣*가 넘칩니다.	기
❹ 조금 전 *先生*님께 *電話*드렸습니다.	님 전

복습! 8급 한자 先(먼저 선) 生(날 생)

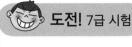 도전! 7급 시험

밑줄 친 뜻에 해당하는 한자를 찾거나, 음에 해당하는 한자어를 <보기>에서 찾아보세요.

<보기>   ① *活動*   ② *電話*   ③ *活氣*   ④ *活*   ⑤ *話*

1. 느낌을 살려 이<u>야기</u>를 읽어 봅시다.　　_____
2. 봉사<u>활동</u>을 무슨 요일에 할까요?　　_____
3. 갑자기 휴대<u>전</u>화가 고장났습니다.　　_____
4. 경기가 회복되어 수출이 <u>활기</u>를 띕니다.　　_____

15 나에 대해 말하는 **말씀 語**, 말을 엎드려 **기록할 記**

말씀 어

기록할 기

'말씀 어'는 말할 때 손바닥으로 나의 가슴을 치는 모양이에요.

'기록할 기'는 다른 사람의 말을 들으며 몸을 엎드려 기록하는 모양이에요.

 풀이말을 큰 소리로 읽으며 획을 따라 쓰세요.

따라 써 봐!

語	語	語	語	語
말로	나에 대해	말하는	말씀 어	말씀 어

記	記	記	記	記
말을	몸을 엎드려	기록하는	기록할 기	기록할 기

 語의 吾는 다섯 손가락(五 다섯 오)을 펴고 가슴을 치며 입(口)으로 "나야!"라고 말하는 '나 오'예요. 記의 오른쪽 己는 엎드린 몸을 그린 '몸 기'예요.

필순 語에서 五는 ㅜ → ㄱ → ㅡ의 순서로 써요.

58

물방울 ◯에 가려진 한자를 필순에 맞게 쓰고, 빈칸에 알맞은 훈과 음을 쓰세요.

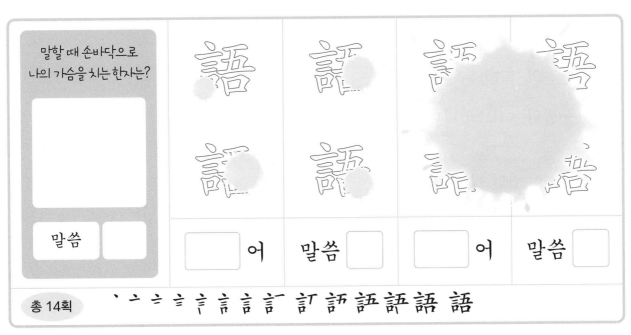

말할 때 손바닥으로 나의 가슴을 치는 한자는?				
말씀 ◻	◻ 어	말씀 ◻	◻ 어	말씀 ◻

총 14획 ` 一 二 三 亖 言 言 言 言 訂 訝 語 語 語 語 語

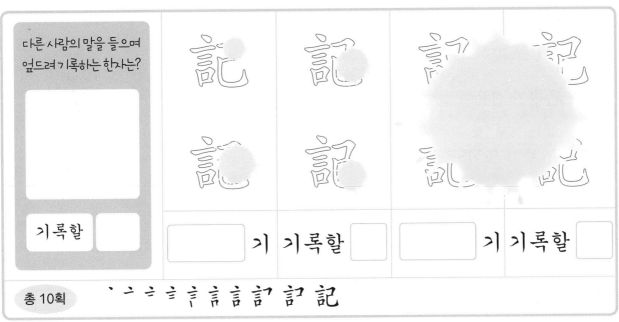

다른 사람의 말을 들으며 엎드려 기록하는 한자는?				
기록할 ◻	◻ 기	기록할 ◻	◻ 기	기록할 ◻

총 10획 ` 一 二 三 亖 言 言 言 訂 記 記

 한자의 음을 쓰세요.

❶ 생각을 전하는 말 **言語** 언◻

❷ 신문에 기록한 사실 **記事** 사

❸ 한 나라의 말 **國語** ◻

❹ 날마다 적은 기록 **日記** ◻

예습! 7급 한자 事(일 사)   복습! 8급 한자 國(나라 국) 日(날 일)

59

문장을 소리 내어 읽고 한자의 음을 쓰세요.

소리 내어 문장 읽기	한자 음 쓰기
❶ 인간의 **言語**는 동물과 구별되는 요소입니다.	언 ☐
^{국어 2} ❷ 자신이 썼던 **日記**나 글을 다시 읽어 봅시다.	☐ ☐
❸ 그녀의 소설은 이십여 개 **國語**로 번역되었습니다.	☐ ☐
❹ 우리 **學校**에 대한 **記事**가 신문에 실렸습니다.	☐ ☐ ☐ 사

복습! 8급 한자   學(배울 학) 校(학교 교)

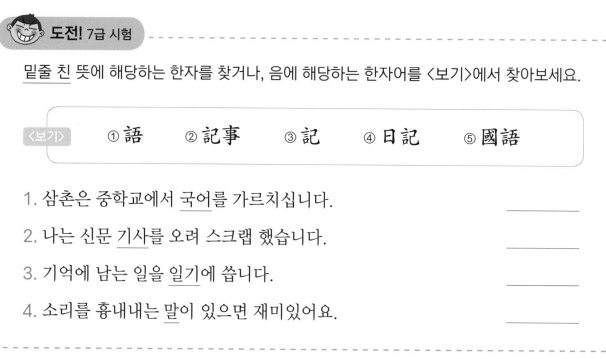

도전! 7급 시험

밑줄 친 뜻에 해당하는 한자를 찾거나, 음에 해당하는 한자어를 〈보기〉에서 찾아보세요.

〈보기〉   ① 語   ② 記事   ③ 記   ④ 日記   ⑤ 國語

1. 삼촌은 중학교에서 국어를 가르치십니다.   _____
2. 나는 신문 기사를 오려 스크랩 했습니다.   _____
3. 기억에 남는 일을 일기에 씁니다.   _____
4. 소리를 흉내내는 말이 있으면 재미있어요.   _____

 빈칸에 알맞은 한자와 훈음을 쓰세요.

살 활

洞

목숨 명

記

노래 가

입 구

말씀 화

歌

물을 문

語

골 동

한가지 동

命

말씀 어

口

빈칸에 알맞은 한자를 〈보기〉에서 찾아 쓰세요.

〈보기〉 口 問 命 歌 同 洞 活 話 語 記

❶ ☐ 시에 같은 수를 말하면 모두 탈락입니다.

❷ 소크라테스의 대화법은 ☐ 답을 통해 지혜를 얻도록 돕습니다.

❸ 그는 노래를 좋아해 아이돌 ☐ 수가 되었습니다.

❹ ☐ 구밖 과수원길 아카시아 꽃이 활짝 폈네.

❺ 조금 전 선생님께 전 ☐ 드렸습니다.

❻ 시나 소설은 독창성이 생 ☐ 입니다.

❼ 인간의 언 ☐ 는 동물과 구별되는 요소입니다.

❽ 우리 학교에 대한 ☐ 사가 신문에 실렸습니다.

❾ 시장은 상인과 행인들로 ☐ 기가 넘칩니다.

❿ 영화가 끝나자 사람들이 출 ☐ 로 몰려나왔습니다.

[1~8] 다음 한자어의 음(音: 소리)을 쓰세요.

<보기> **漢字** → 한자

1. 민수는 농촌 **活動**^동을 계획 중입니다.
_____

2. **電**^전**話**가 걸려왔습니다.
_____

3. 피서지를 소개한 **記事**^사가 나왔습니다.
_____

4. 그녀는 세계적인 **歌手**^수입니다.
_____

5. 암행어사는 **王命**을 받습니다.
_____

6. **洞里**^리 꼬마들은 썰매를 탑니다.
_____

7. 시나 소설은 독창성이 **生命**입니다.
_____

8. 영화가 **同時**에 개봉되었습니다.
_____

[9~12] 다음 한자의 훈(訓: 뜻)과 음(音: 소리)을 쓰세요.

<보기> **字** → 글자 자

9. 口 _____

10. 語 _____

11. 記 _____

12. 活 _____

[13~15] 다음 한자의 상대 또는 반대되는 한자를 <보기>에서 골라 그 번호를 쓰세요.

<보기> ① 王   ② 南   ③ 母

13. ( ) ↔ 北

14. 父 ↔ ( )

15. 民 ↔ ( )

[16~18] 다음 한자어의 뜻을 쓰세요.

16. 同名 _____

17. 王命 _____

18. 校歌 _____

• 名(이름 명)

[19~20] 다음 한자의 진하게 표시한 획은 몇 번째 쓰는지 <보기>에서 찾아 그 번호를 쓰세요.

<보기>
⑥ 여섯 번째   ⑦ 일곱 번째
⑧ 여덟 번째   ⑨ 아홉 번째
⑩ 열 번째   ⑪ 열한 번째

19. 活 _____

20. 語 _____

16 왼손을 눈에 대고 곧을 直, 나무를 곧게 심을 植

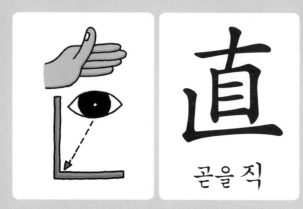

곧을 직

'곧을 직'은 왼손을 눈에 대고 구석을
바라보며 곧은지 살피는 모습이에요.

심을 식

'심을 식'은 나무를 곧게 세워
땅에 심는 모습이에요.

 풀이말을 큰 소리로 읽으며 획을 따라 쓰세요.

따라 써 봐!

直	直	直	直	直
왼손을	눈에 대고	곧은지 살피는	곧을 직	곧을 직

植	植	植	植
나무를	곧게 세워 심는	심을 식	심을 식

 直의 처음 두 획 ナ은 左(왼 좌)의 일부로 왼손이에요. 目은 눈과 눈동자를 세로로 그린 '눈 목'이고 아래 'ㄴ'은 창고나 집의 똑
바로 곧은 구석을 나타내요.

필순 直에서 'ㄴ'을 맨 나중에 써요.

반의어 植物(식물) ↔ 動物(동물)

64

물방울 ● 에 가려진 한자를 필순에 맞게 쓰고, 빈칸에 알맞은 훈과 음을 쓰세요.

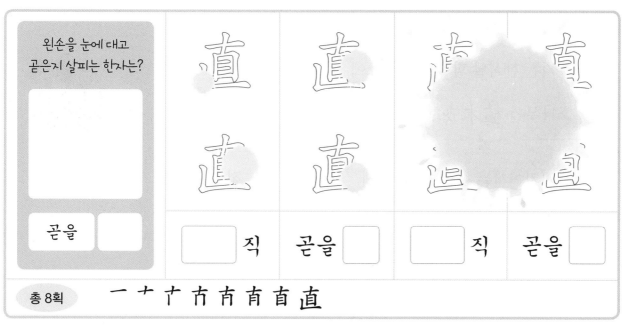

왼손을 눈에 대고 곧은지 살피는 한자는?	直 直	直 直	直 直	直 直
곧을	☐ 직	곧을 ☐	☐ 직	곧을 ☐
총 8획	一 ナ ナ 古 古 肖 首 直			

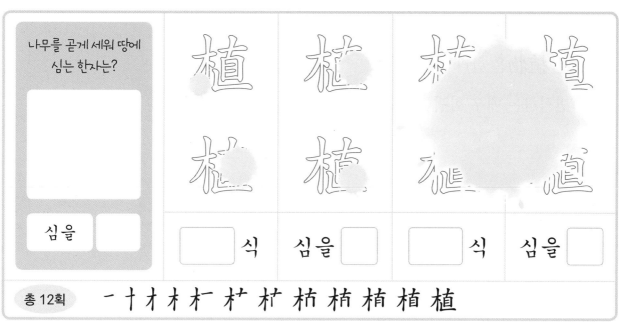

나무를 곧게 세워 땅에 심는 한자는?	植 植	植 植	植 植	植 植
심을	☐ 식	심을 ☐	☐ 식	심을 ☐
총 12획	一 十 オ 木 木 朾 朾 枯 栢 植 植			

 한자의 음을 쓰세요.

❶ 바르고 곧음 **正直** 정 ☐

❷ 나무를 심음 **植木** ☐

❸ 꼿꼿이 바로 섬 **直立** ☐

❹ 땅에서 자라는 **植物** ☐ 물

예습! 7급 한자 正(바를 정) 物(물건 물)   복습! 8급 한자 木(나무 목) 立(설 립)

문장을 소리 내어 읽고 한자의 음을 쓰세요.

소리 내어 문장 읽기	한자 음 쓰기
❶ 우리는 한식날 할아버지 산소에 소나무를 **植木**했습니다.	
❷ 아버지께서는 항상 **正直**하게 살라고 말씀하셨습니다.	정
❸ 사람은 **直立** 동물로 두 발로 걸으며 생활합니다.	
❹ 이 **植物**은 한라산 기슭에서 번식하는 매우 희귀한 약초입니다.	

도전! 7급 시험

밑줄 친 뜻에 해당하는 한자를 찾거나, 음에 해당하는 한자어를 〈보기〉에서 찾아보세요.

〈보기〉   ① **正直**   ② **植木**   ③ **植**   ④ **植物**   ⑤ **直**

1. 매년 <u>식목</u> 행사를 해 산이 더욱 푸릅니다.   _____
2. 곤충과 <u>식물</u>에 대해 이야기해 봅시다.   _____
3. 삼각형에서 <u>곧은</u> 선을 변이라고 합니다.   _____
4. <u>정직</u>한 사람이 결국 성공합니다.   _____

1.② 2.④ 3.⑤ 4.①

 **17** 코를 가리키며 스스로 自, 이마, 얼굴, 코 낯 面

스스로 자

낯 면

'스스로 자'는 코를 그렸어요.
스스로 코를 가리키는 모양이에요.

'낯 면'은 이마부터 얼굴 한가운데
코까지 그린 모양이에요.

 풀이말을 큰 소리로 읽으며 획을 따라 쓰세요.

따라 써 봐!

				自
코뿌리부터 코 전체	콧등에 코끝	스스로 코를 가리키는	스스로 자	스스로 자

이마 아래	얼굴	코 있는	낯 면	낯 면

 自는 코를 스스로 가리키는 '스스로 자'예요. 다만 다른 한자의 일부로 쓰일 때는 '코'의 뜻이 돼요. 自(코 자)와 犬(개 견)을 더하면 臭(냄새 취)가 돼요.
面(면)은 얼굴이 넓적한 데서 '넓적하다'는 뜻으로도 써요. 그래서 평면(平面)은 평평하고(平) 넓적한(面) 것을 가리켜요.
필순 自는 점(´)과 둘레(冂)를 먼저 쓰고 차례대로 속을 채워요(三).

물방울 ⬤ 에 가려진 한자를 필순에 맞게 쓰고, 빈칸에 알맞은 훈과 음을 쓰세요.

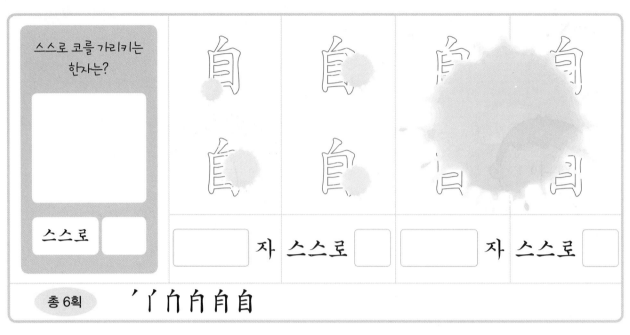

스스로 코를 가리키는 한자는?		
스스로		

□ 자 스스로 □   □ 자 스스로 □

총 6획   ´ ᐟ ᐢ ᐢ 自 自

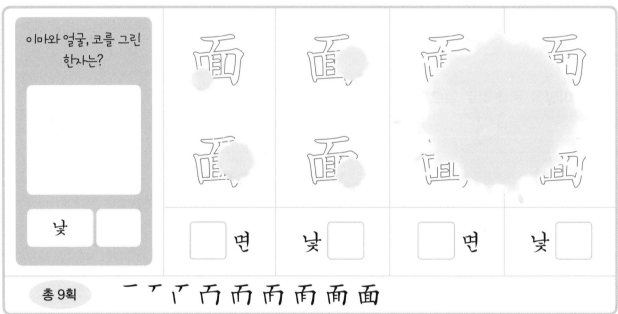

이마와 얼굴, 코를 그린 한자는?		
낯		

□ 면   낯 □   □ 면   낯 □

총 9획   ˉ ´ ᐟ 丙 石 石 而 面 面

 한자의 음을 쓰세요.

❶ 스스로 움직임 自動   동

❷ 평평한 표면 平面   평

❸ 스스로의 힘 自力   력

❹ 똑바로 보이는 면 正面   정

예습! 7급 한자 動(움직일 동) 平(평평할 평) 力(힘 력) 正(바를 정)

68

문장을 소리 내어 읽고 한자의 음을 쓰세요.

소리 내어 문장 읽기	한자 음 쓰기
① 노란색 **平面**에 파란색 선이 그려져 있습니다.	☐
② 이 출**入門**은 **自動**으로 열리고 닫힙니다.	출 ☐ ☐
③ 오빠는 학비를 **自力**으로 마련했습니다.	☐
④ **正面**에 보이는 건물이 도서관입니다.	☐

복습! 8급 한자 入(들 입) 門(문 문)

 도전! 7급 시험

밑줄 친 뜻에 해당하는 한자를 찾거나, 음에 해당하는 한자어를 <보기>에서 찾아보세요.

<보기> ① **自動**   ② **面**   ③ **自**   ④ **正面**   ⑤ **平面**

1. <u>정면</u>에서 갑자기 공이 날아왔습니다. _____

2. 로봇이 <u>자동</u>으로 움직입니다. _____

3. 겨울철 건강을 <u>스스로</u> 지켜요. _____

4. 내 <u>얼굴</u> 좀 보세요. 까맣게 탔죠? _____

1.④ 2.① 3.③ 4.②

18 큰길을 달리는 길 道, 고기와 칼을 든 앞 前

길 도

'길 도'는 머리(首)를 들고 큰길(辶)을
당당히 달리는 모습이에요.

앞 전

'앞 전'은 머리카락 두 올 아래 고깃덩이와
칼이 '앞'을 향한 모습이에요.

 풀이말을 큰 소리로 읽으며 획을 따라 쓰세요.

따라 써 봐!

道	道	道	道
머리를 들고	큰길을 달리는	길 도	길 도

前	前	前	前	前
머리털을 날리며	고깃덩이와 칼을 들고	앞으로 나아가는	앞 전	앞 전

道에서 首는 머리털(丷), 이마(一), 코(自)를 그린 '머리 수'예요. 또 辶은 큰 길(彳), 사람(亻), 발(足)을 그린 辵(큰길 달릴 착)의 줄임꼴이에요. 흔히 辶(착)을 책받침이라고 하는데 '착' 받침이 변한 말이에요.

필순 道는 首를 먼저 쓰고 辶을 나중에 써요.

반의어 前(앞 전) ↔ 後(뒤 후)

70

물방울 ● 에 가려진 한자를 필순에 맞게 쓰고, 빈칸에 알맞은 훈과 음을 쓰세요.

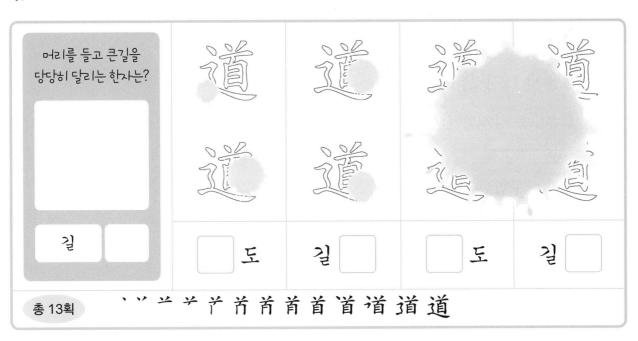

머리를 들고 큰길을 당당히 달리는 한자는?	道	道	道	道
길	道	道	道	道
	□ 도	길 □	□ 도	길 □

총 13획　`丶丷丷丷쓰쓰쓰首首道道道道

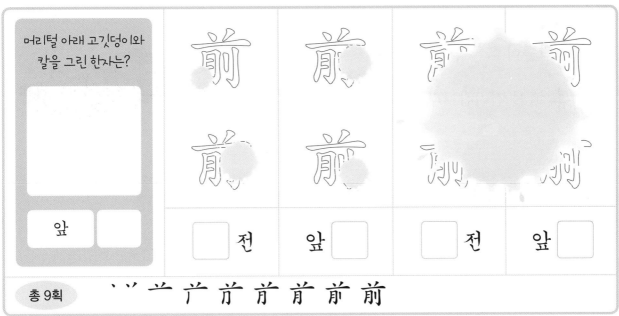

머리털 아래 고깃덩이와 칼을 그린 한자는?	前	前	前	前
앞	前	前	前	前
	□ 전	앞 □	□ 전	앞 □

총 9획　`丶丷丷丷产前前前前

 한자의 음을 쓰세요.

❶ 차가 다니는 길 車道　차　

❷ 앞쪽 前方　방

❸ 어떤 도의 구역 안 道內　

❹ 앞뒤 前後　후

예습! 7급 한자　車(수레 차 | 수레 거) 方(모 방) 後(뒤 후)

문장을 소리 내어 읽고 한자의 음을 쓰세요.

소리 내어 문장 읽기	한자 음 쓰기
❶ 설날 낮 12시 **前後**로 고속도로 정체가 심했습니다.	후
❷ 우리 탁구팀이 **道內** 체육 대회에서 우승했습니다.	
❸ 비 때문에 **前方**을 보기 힘듭니다.	방
❹ 사람들이 빠른 걸음으로 **車道**를 건너갑니다.	차

도전! 7급 시험

밑줄 친 뜻에 해당하는 한자를 찾거나, 음에 해당하는 한자어를 〈보기〉에서 찾아보세요.

〈보기〉　①**車道**　②**前方**　③**道**　④**道內**　⑤**前後**

1. 삼촌은 전방 부대에서 근무했습니다. ＿＿＿＿

2. 내일 도내 모든 학교가 방학합니다. ＿＿＿＿

3. 차도를 건널 때는 조심해야 합니다. ＿＿＿＿

4. 앞뒤 이야기가 이어지도록 만듭니다. ＿＿＿＿

1. ② 2. ④ 3. ① 4. ⑤

19 손에 고깃덩이가 **있을** 有, 갓난아기를 살찌도록 **기를** 育

있을 유

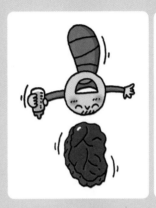

기를 육

'있을 유'는 오른손에 고깃덩이를 쥔 모습이에요.

'기를 육'은 갓난아기를 살찌도록 잘 기르는 모습이에요.

 풀이말을 큰 소리로 읽으며 획을 따라 쓰세요.

따라 써 봐!

有	有	有	有
오른손에	고깃덩이가 있는	있을 유	있을 유

育	育	育	育
갓난아기를	살찌도록 기르는	기를 육	기를 육

 有의 두 획 ナ은 右(오른 우)의 윗부분으로 오른손을 나타내요. 또 아래 月은 고깃덩이에요. 月은 글자에 따라 [달 월](朗 밝을 랑), [고깃덩이 육](肝 간 간)의 뜻이 있어요.

育(육)의 윗부분은 '子(아들 자)'를 뒤집은 모양이에요. 育의 위는 ㅗ(2획), 丷(2획) 총 4획임에 주의하세요.

물방울 ◯ 에 가려진 한자를 필순에 맞게 쓰고, 빈칸에 알맞은 훈과 음을 쓰세요.

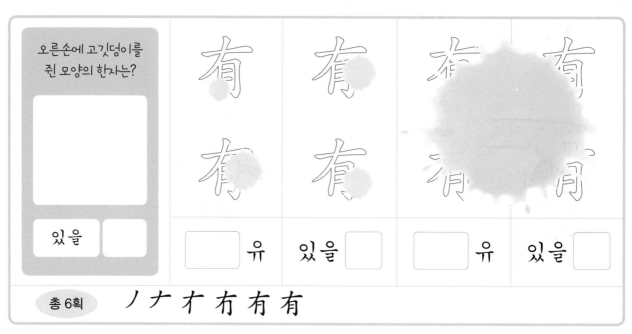

오른손에 고깃덩이를 쥔 모양의 한자는?

있을

| □ 유 | 있을 □ | □ 유 | 있을 □ |

총 6획　　ノ ナ ナ 冇 有 有

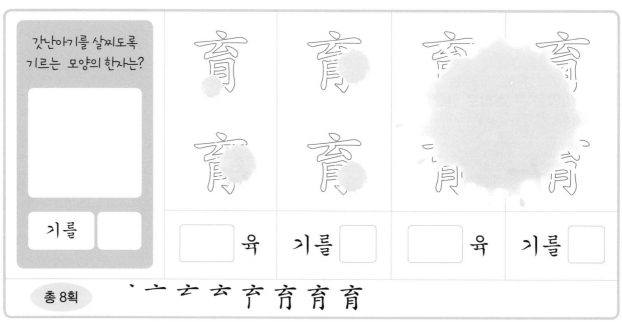

갓난아기를 살찌도록 기르는 모양의 한자는?

기를

| □ 육 | 기를 □ | □ 육 | 기를 □ |

총 8획　　亠 亠 亠 产 育 育 育

 한자의 음을 쓰세요.

❶ 이름이 알려짐 **有名** ⬜ 명

❷ 가르치고 기름 **教育** ⬜

❸ 가지고 있음 **所有** 소 ⬜

❹ 생물이 나서 자람 **生育** ⬜

예습! 7급 한자　名(이름 명) 所(바 소)　　**복습! 8급 한자**　敎(가르칠 교) 生(날 생)

문장을 소리 내어 읽고 한자의 음을 쓰세요.

소리 내어 문장 읽기	한자 음 쓰기
① 제주도는 세계적으로 **有名**한 관광지입니다.	명
② 어린 시절부터 창의력을 키우는 **教育**이 중요합니다.	
③ 모든 백성이 땅을 **所有**하길 바랐습니다.	소
④ 벼의 **生育**에 알맞은 온도는 섭씨 30~32도입니다.	

 도전! 7급 시험

밑줄 친 뜻에 해당하는 한자를 찾거나, 음에 해당하는 한자어를 〈보기〉에서 찾아보세요.

〈보기〉 ①**有名** ②**教育** ③**育** ④**生育** ⑤**所有**

1. 저 밭이 누구 소유인지 아십니까? _____

2. 연구소는 인삼의 생육 기간을 절반으로 줄였습니다. _____

3. 그 집안은 가정 교육이 엄합니다. _____

4. 대구는 사과가 많이 나는 곳으로 유명합니다. _____

1. ⑤ 2. ④ 3. ② 4. ①

20 피가 드나드는 심장 마음 心, 밥뚜껑 열고 앉아 먹을 食

마음 심

먹을 식

'마음 심'은 피가 드나드는 심장을 그렸어요.
심장이 두근거리는 마음을 가리켜요.

'먹을 식'은 밥뚜껑을 열고 앉아
밥을 먹는 모습이에요.

 풀이말을 큰 소리로 읽으며 획을 따라 쓰세요.

따라 써 봐!

心	心	心	心	心
피가	심장에	들어왔다 나갔다	마음 심	마음 심

食	食	食	食	食
밥뚜껑을 열고	입을 벌리고 앉아	두 팔로 밥을 먹는	먹을 식	먹을 식

심장을 그린 心은 주로 마음의 뜻으로 써요. 食은 '먹을 식'과 함께 '밥 식'의 뜻도 있어요. 예) 朝食(조식) 아침밥, 食事(식사)
음식을 먹는 일

필순 心은 왼쪽부터 차례대로 한 점 → ㄴ → 두 점을 쓰면 돼요.

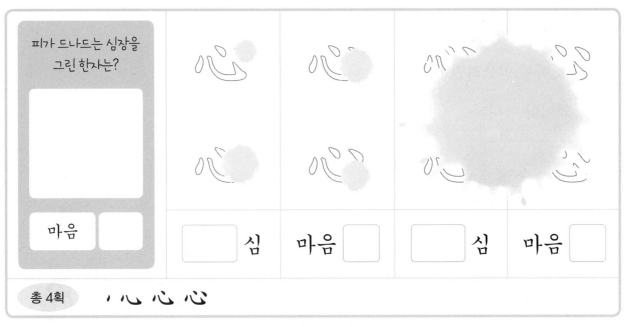

피가 드나드는 심장을 그린 한자는?			
마음	☐ 심	마음 ☐	☐ 심	마음 ☐

총 4획　心 心 心

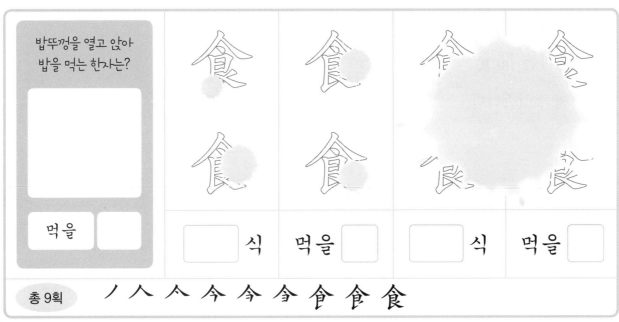

밥뚜껑을 열고 앉아 밥을 먹는 한자는?			
먹을	☐ 식	먹을 ☐	☐ 식	먹을 ☐

총 9획　𠂉 入 𠆢 今 今 飠 食 食 食

 한자의 음을 쓰세요.

① 백성의 마음 **民心** ☐

② 음식을 먹는 일 **食事** 　사

③ 한가운데 **中心** ☐

④ 끼니 사이에 먹음 **間食** 　간

예습! 7급 한자　事(일 사) 間(사이 간)

문장을 소리 내어 읽고 한자의 음을 쓰세요.

소리 내어 문장 읽기	한자 음 쓰기
❶ 天하를 얻으려면 民心을 얻어야 합니다.	☐하, ☐
❷ 저녁 食事로 바지락 칼국수를 먹었습니다.	☐사
❸ 그녀는 몸의 中心을 잃고 쓰러졌습니다.	☐
❹ 엄마는 間食으로 찰옥수수를 쪄 주셨습니다.	간☐

도전! 7급 시험

밑줄 친 뜻에 해당하는 한자를 찾거나, 음에 해당하는 한자어를 〈보기〉에서 찾아보세요.

〈보기〉 ① 心   ② 食事   ③ 中心   ④ 食   ⑤ 民心

1. 식사하기 전 손을 씻는 것이 좋습니다. _____
2. 상대방의 마음을 헤아리며 말해야 합니다. _____
3. 여기서 꿩을 구워 먹고 가자꾸나. _____
4. 접힌 부분을 중심으로 삼각형을 그리세요. _____

1. ② 2. ① 3. ④ 4. ③

78

16~20과 복습

 빈칸에 알맞은 한자와 훈음을 쓰세요.

	 育		 植	
스스로 자		마음 심		있을 유

		有		 面
길 도	앞 전		먹을 식	

		 心		道
기를 육	곧을 직		낯 면	

빈칸에 알맞은 한자를 <보기>에서 찾아 쓰세요.

<보기>　直　植　自　面　道　前　有　育　心　食

① 엄마는 간 ☐ 으로 찰옥수수를 쪄 주셨습니다.

② 아버지께서는 정 ☐ 하게 살라고 말씀하셨습니다.

③ 할아버지 산소에 소나무를 ☐ 목했습니다.

④ 어린 시절부터 창의력을 키우는 교 ☐ 이 중요합니다.

⑤ 비 때문에 ☐ 방을 보기 힘듭니다.

⑥ 모든 백성이 땅을 소 ☐ 하길 바랐습니다.

⑦ 정 ☐ 에 보이는 건물이 도서관입니다.

⑧ 천하를 얻으려면 민 ☐ 을 얻어야 합니다.

⑨ 이 출입문은 ☐ 동으로 열리고 닫힙니다.

⑩ 사람들이 빠른 걸음으로 차 ☐ 를 건너갑니다.

[1~8] 다음 한자어의 음(音: 소리)을 쓰세요.

 漢字 → 한자

1. 正^정直한 사람이 성공합니다.
　_____

2. 그 집안은 가정 **教育**이 엄합니다.
　_____

3. 빠른 걸음으로 **車道**를 건너갑니다.
　_____

4. 間^간食으로 먹을 감자를 쪘습니다.
　_____

5. 이 **植物**^물은 희귀한 약초입니다.
　_____

6. **自力**^력으로 대학을 졸업했습니다.
　_____

7. 형은 **前方**^방에 배치되었습니다.
　_____

8. 대구는 사과로 **有名**^명합니다.
　_____

[9~12] 다음 한자의 훈(訓: 뜻)과 음(音: 소리)을 쓰세요.

 字 → 글자 자

9. 面　_____

10. 有　_____

11. 植　_____

12. 自　_____

[13~15] 다음 한자의 상대 또는 반대되는 한자를 〈보기〉에서 골라 그 번호를 쓰세요.

〈보기〉　① 兄　② 學　③ 東

13. (　) ↔ 西

14. (　) ↔ 弟

15. 教 ↔ (　)

[16~18] 다음 한자어의 뜻을 쓰세요.

16. 民心　_____

17. 直立　_____

18. 植木　_____

[19~20] 다음 한자의 진하게 표시한 획은 몇 번째 쓰는지 〈보기〉에서 찾아 그 번호를 쓰세요.

〈보기〉
⑤ 다섯 번째　⑥ 여섯 번째
⑦ 일곱 번째　⑧ 여덟 번째
⑨ 아홉 번째　⑩ 열 번째

19. 前　_____

20. 直　_____

21 왼손에 손도끼 왼 左, 오른손으로 밥 먹는 오른 右

왼 좌

'왼 좌'는 왼손으로
손도끼를 잡으려는 모습이에요.

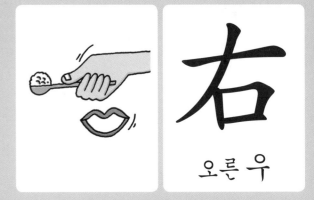

오른 우

'오른 우'는 오른손으로
밥을 입에 넣으려는 모습이에요.

 풀이말을 큰 소리로 읽으며 획을 따라 쓰세요.

따라 써 봐!

左	左	左	左
왼손에	손도끼	왼 좌	왼 좌

右	右	右	右
오른손으로	입 벌려 밥 먹는	오른 우	오른 우

左右(좌우)는 모양이 비슷합니다. 아래가 손도끼(工)냐 입(口)이냐에 따라 왼쪽과 오른쪽으로 나뉩니다. 우리말은 오른쪽, 왼쪽 이라고 하지만 한자는 왼쪽부터 말해 左右(좌우)라고 합니다.

필순 左右를 쓸 때 左는 一 먼저, 右는 ノ 먼저 써요.

반의어 左(왼 좌) ↔ 右(오른 우)

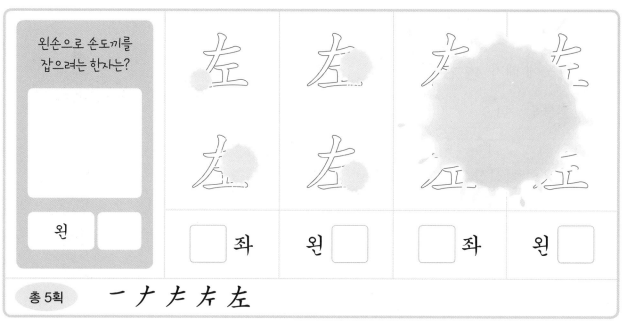

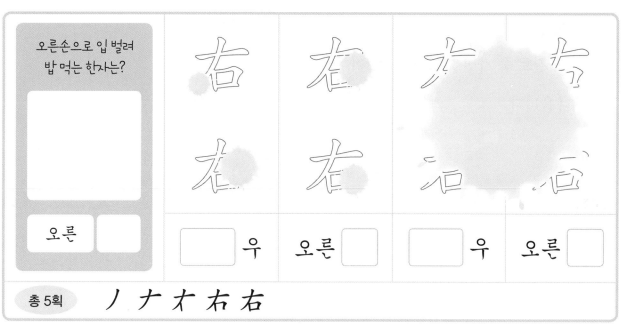

 한자의 음을 쓰세요.

❶ 왼쪽과 오른쪽 **左右**

❷ 오른손 **右手** 수

❸ 왼손 **左手** 수

❹ 오른쪽 **右方** 방

예습! 7급 한자 手(손 수) 方(모 방)

문장을 소리 내어 읽고 한자의 음을 쓰세요.

소리 내어 문장 읽기	한자 음 쓰기
❶ 파도에 배가 **左右**로 흔들립니다.	
❷ 자유의 여신상은 **右手**에 횃불을 들고 있습니다.	
❸ 자유의 여신상은 **左手**에 독립선언서를 들고 있습니다.	
❹ 이 길로 쭉 가면 **右方**에 시청이 나옵니다.	

도전! 7급 시험

밑줄 친 뜻에 해당하는 한자를 찾거나, 음에 해당하는 한자어를 <보기>에서 찾아보세요.

<보기>　　①**民心**　　②**右手**　　③**左手**　　④**右方**　　⑤**左右**

1. 장군은 오른손에 칼을 들고 선봉에 섰습니다. _____

2. 학교 오른쪽에 무엇이 있나요? _____

3. 좌우를 둘러봐도 아는 사람이 없습니다. _____

4. 왼손 가운뎃손가락으로 털실을 걸어요. _____

1. ② 2. ④ 3. ⑤ 4. ③

22 손가락과 손목 손 手, 사람이 막대를 잡고 하는 일 事

손 수

'손 수'는 손가락과 손목을 그렸어요.

일 사

'일 사'는 윗사람의 입, 아랫사람이 막대를 잡은 손을 그렸어요. 윗사람은 일을 시키고 아랫사람이 일하는 모습이에요.

 풀이말을 큰 소리로 읽으며 획을 따라 쓰세요.

따라 써 봐!

手	手	手	手
손가락에	손목	손 수	손 수

事	事	事	事
윗사람이 입 벌려 말하면	아랫사람이 손으로 막대를 잡고 일하는	일 사	일 사

 事의 윗부분 ─과 口는 윗사람의 입을 그려 일을 시키는 모습을 가리켜요. 또 아래쪽은 아랫사람이 손으로 막대를 잡고 일하는 모습이에요.

필순 手의 첫 획은 ノ처럼 오른쪽 위에서 왼쪽 아래로 비껴 그어요.

반의어 手(손 수) ↔ 足(발 족)

85

물방울 ⬤ 에 가려진 한자를 필순에 맞게 쓰고, 빈칸에 알맞은 훈과 음을 쓰세요.

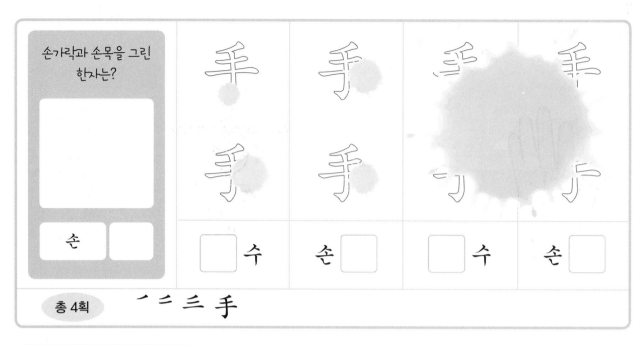

손가락과 손목을 그린 한자는?

손

총 4획   ノ ニ 三 手

☐ 수   손 ☐   ☐ 수   손 ☐

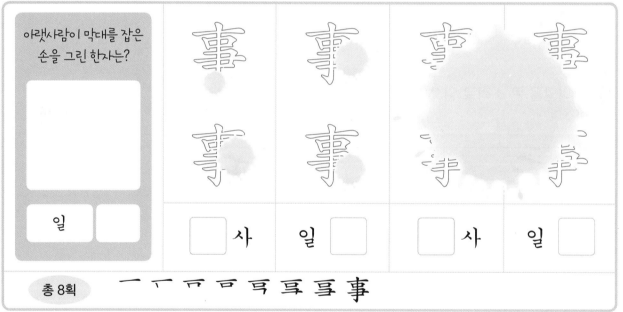

아랫사람이 막대를 잡은 손을 그린 한자는?

일

총 8획   一 ニ ㅋ ㅋ ㅋ ㅋ ㅋ 事

☐ 사   일 ☐   ☐ 사   일 ☐

 한자의 음을 쓰세요.

❶ 손발 **手足**   족

❷ 곡식을 기르는 일 **農事**   농

❸ 손으로 움직임 **手動**   동

❹ 일과 물건 **事物**   물

예습! 7급 한자 足(발 족) 農(농사 농) 動(움직일 동) 物(물건 물)

문장을 소리 내어 읽고 한자의 음을 쓰세요.

소리 내어 문장 읽기	한자 음 쓰기
❶ 할아버님은 중풍으로 **手足**을 못쓰십니다.	족
❷ 올해 할머니는 주로 고추 **農事**를 지으셨습니다.	농
❸ 이 장난감은 건전지 없이 **手動**으로 움직입니다.	동
❹ 글짓기를 잘하려면 **事物**을 잘 관찰해야 합니다.	물

도전! 7급 시험

밑줄 친 뜻에 해당하는 한자를 찾거나, 음에 해당하는 한자어를 〈보기〉에서 찾아보세요.

〈보기〉 　①**手足**　②**農事**　③**手**　④**事物**　⑤**事**

1. 주머니에 <u>손</u>을 넣고 걸으면 위험합니다. _____
2. 아들을 똑바로 눕히고 <u>수족</u>부터 만져 보았습니다. _____
3. <u>일</u>이 일어난 순서를 살펴보아야 합니다. _____
4. 안경을 끼니 사<u>물</u>이 또렷이 보입니다. _____

23 한 곳에 발을 멈춘 바를 正, 입을 벌리고 발을 뻗은 발 足

바를 정

발 족

'바를 정'은 한 곳에 발을 멈추고
바르게 서 있는 모습이에요.

'발 족'은 입을 벌리고 발을
앞뒤로 뻗은 모습이에요.

 풀이말을 큰 소리로 읽으며 획을 따라 쓰세요.

따라 써 봐!

正	正	正	正	正
한 곳에	발을 멈추고	바르게 서는	바를 정	바를 정

足	足	足	足	足
입을 벌리고	발을	앞뒤로 뻗은	발 족	발 족

正의 止는 발가락과 땅을 그렸어요. 땅을 걷다가 발을 멈추는 '그칠 지'예요.
足의 口는 원래 무릎 모양인데 여기서는 '입 구'로 풀이했어요. 그리고 足은 '발 족' 외에도 '족할 족'의 뜻도 있어요.
필순 正은 一 아래 ㅏ를 쓰고 ㅗ를 써요. 足은 口 아래 ㅏ를 쓰고 ㅅ을 길게 늘여 써요.
반의어 足(발 족) ↔ 手(손 수)

88

물방울 ⬤ 에 가려진 한자를 필순에 맞게 쓰고, 빈칸에 알맞은 훈과 음을 쓰세요.

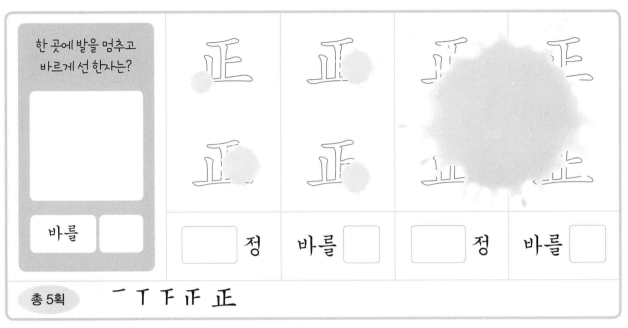

한 곳에 발을 멈추고 바르게 선 한자는?	正	正	正	正
	正	正	正	正
바를	☐ 정	바를 ☐	☐ 정	바를 ☐
총 5획	一 丁 下 Ī 正			

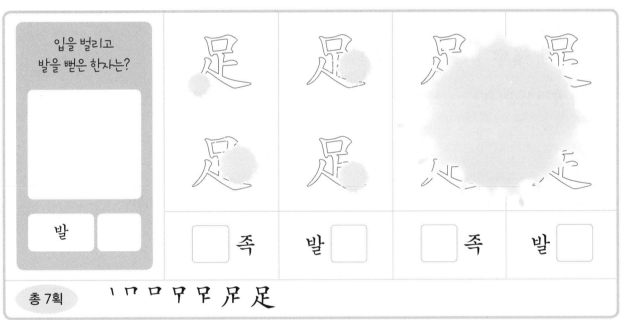

입을 벌리고 발을 뻗은 한자는?	足	足	足	足
	足	足	足	足
발	☐ 족	발 ☐	☐ 족	발 ☐
총 7획	丨 口 口 尸 尸 吊 足			

 한자의 음을 쓰세요.

❶ 옳고 바른 답 **正答** ☐ 답

❷ 넉넉하지 않음 **不足** 부 ☐

❸ 정면의 출입문 **正門** ☐

❹ 긴 다리, 빠름 **長足** ☐

예습! 7급 한자 答(대답 답) 不(아닐 불)   복습! 8급 한자 門(문 문) 長(긴 장)

문장을 소리 내어 읽고 한자의 음을 쓰세요.

소리 내어 문장 읽기	한자 음 쓰기
① 답안지에 **正答**을 정확히 쓰십시오.	정
② 잠이 **不足**해 자꾸 하품이 납니다.	
③ 광화문은 경복궁의 **正門**입니다.	
④ 그의 **漢字** 실력이 **長足**으로 발전했습니다.	,

도전! 7급 시험

밑줄 친 뜻에 해당하는 한자를 찾거나, 음에 해당하는 한자어를 <보기>에서 찾아보세요.

<보기>   ① 正   ② 不足   ③ 正門   ④ 足   ⑤ 正答

1. 발의 길이를 재 보세요.   _____

2. 철수가 낸 수수께끼의 정답은 '사람'입니다.   _____

3. 아직 부족한 점이 많습니다.   _____

4. 방과 후 학교 정문 앞에서 만나자.   _____

1.④ 2.⑤ 3.② 4.③

24 두 발로 제기를 들고 오를 登, 큰길에서 뒤쫓는 뒤 後

오를 등

'오를 등'은 두 발과 제기를 그렸어요.
제기를 들고 두 발로 제단을
오르는 모습이에요.

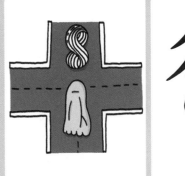

뒤 후

'뒤 후'는 큰길 사거리에서 작은 걸음으로
이리저리 걸어 뒤에 처진 모습이에요.

 풀이말을 큰 소리로 읽으며 획을 따라 쓰세요.

따라 써 봐!

登	登	登	登	登
왼발 오른발 디디며	제기를 들고	제단을 오르는	오를 등	오를 등

後	後	後	後	後
큰길에서	작은 걸음으로	이리저리 뒤에 오는	뒤 후	뒤 후

 登의 癶은 왼발, 오른발을 그린 '두발 발'이예요. 또 묘는 제기를 그린 '제기 두'예요. 묘만 쓰면 콩을 담는 그릇과 닮아 '콩 두'
의 뜻이 돼요.

필순 登에서 癶은 먼저 ㅋ을 왼쪽으로 기울여 쓰고 두 점을 찍고 ㇏을 써요.

반의어 後(뒤 후) ↔ 前(앞 전)

물방울 〇 에 가려진 한자를 필순에 맞게 쓰고, 빈칸에 알맞은 훈과 음을 쓰세요.

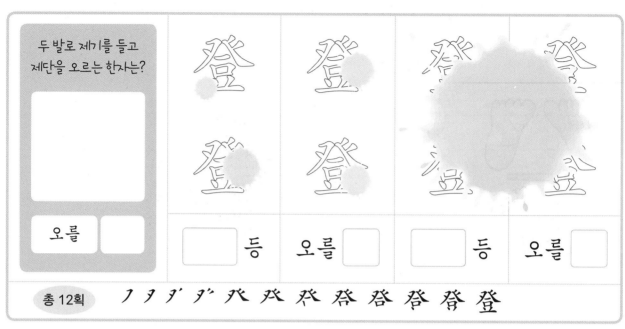

두 발로 제기를 들고 제단을 오르는 한자는?				
오를		☐ 등	오를 ☐	☐ 등	오를 ☐

총 12획   ㄱ ㄱ ㄱ ㄱ 癶 癶 癶 登 登 登 登 登

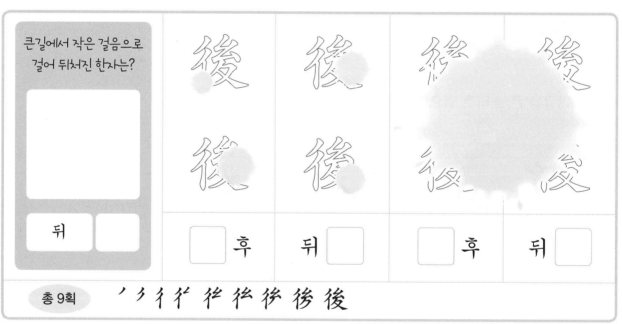

큰길에서 작은 걸음으로 걸어 뒤처진 한자는?				
뒤		☐ 후	뒤 ☐	☐ 후	뒤 ☐

총 9획   ' ' ' ' ' 彳 彳 彳 後 後

 한자의 음을 쓰세요.

❶ 산에 오름 **登山**

❷ 식사 뒤 음식 **後食**

❸ 무대에 오름 **登場** 장

❹ 다음 세대 **後世** 세

예습! 7급 한자   場(마당 장) 世 (세대 세)   복습! 8급 한자   山(메 산)

92

문장을 소리 내어 읽고 한자의 음을 쓰세요.

소리 내어 문장 읽기	한자 음 쓰기
❶ 주말에 가족과 **登山**했습니다.	등
❷ 오늘 저녁 **後食**은 아이스크림입니다.	후
^{국어2} ❸ 누구를 **登場**시켜 꾸밀 건가요?	장
❹ 그의 덕행은 **後世**에 길이 남을 것입니다.	세

도전! 7급 시험

밑줄 친 뜻에 해당하는 한자를 찾거나, 음에 해당하는 한자어를 〈보기〉에서 찾아보세요.

〈보기〉 　①**登山**　　②**後食**　　③**登**　　④**登場**　　⑤**後**

1. 이 식당은 커피를 <u>후식</u>으로 줍니다. _____

2. <u>뒤</u>에 오는 개미들은 같은 길을 기어갑니다. _____

3. 산꼭대기까지 <u>올라가</u> 씨앗을 뿌렸습니다. _____

4. <u>등산</u>은 건강에 좋습니다. _____

1.② 2.⑤ 3.③ 4.①

머리에 땀나는 여름 夏, 이쪽저쪽 얼음이 언 겨울 冬

여름 하

겨울 동

'여름 하'는 머리에 땀을 흘리며
이리저리 걷는 모습이에요.

'겨울 동'은 이쪽저쪽
얼음이 언 모습이에요.

 풀이말을 큰 소리로 읽으며 획을 따라 쓰세요.

따라 써 봐!

| 큰 머리에 땀을 흘리며 | 이리저리 걷는 | 무더운 여름 | 여름 하 | 여름 하 |

| 이리저리 걸을 때 | 얼음 언 | 추운 겨울 | 겨울 동 | 겨울 동 |

 夏(여름 하)의 頁은 이마와 코, 목을 그린 頁(머리 혈)의 윗부분으로 큰 머리를 가리켜요.
冬(겨울 동)에서 冫(빙)은 얼음을 그렸어요.
필순 夏와 冬에서 夂는 ㄱ을 먼저 쓰고 ㄴ을 써요.
반의어 夏(여름 하) ↔ 冬(겨울 동)

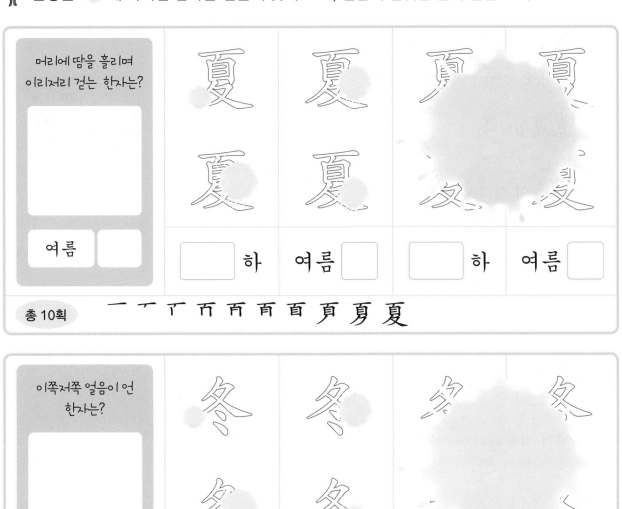

머리에 땀을 흘리며 이리저리 걷는 한자는?		夏	夏	夏	夏
		夏	夏	夏	夏
여름		☐ 하	여름 ☐	☐ 하	여름 ☐
총 10획	一 一 丆 丆 万 歹 百 百 頁 夏 夏				

이쪽저쪽 얼음이 언 한자는?		冬	冬	冬	冬
		冬	冬	冬	冬
겨울		☐ 동	겨울 ☐	☐ 동	겨울 ☐
총 5획	丿 夂 夂 冬 冬				

 한자의 음을 쓰세요.

❶ 여름의 시작 立夏 ☐☐

❷ 겨울의 시작 立冬 ☐☐

❸ 봄 여름 가을 겨울 春夏秋冬 춘 ☐ 추 ☐

예습! 7급 한자 春(봄 춘) 秋(가을 추)   복습! 8급 한자 立(설 립)

문장을 소리 내어 읽고 한자의 음을 쓰세요.

소리 내어 문장 읽기	한자 음 쓰기
❶ 내일은 여름의 시작인 立夏입니다.	
❷ 立冬이 지나자 날씨가 쌀쌀해졌습니다.	
❸ 우리나라는 春夏秋冬 사계절이 뚜렷합니다.	춘　　　추
❹ 立冬이 되면 물과 땅이 얼기 시작합니다.	

도전! 7급 시험

밑줄 친 뜻에 해당하는 한자를 찾거나, 음에 해당하는 한자어를 <보기>에서 찾아보세요.

<보기>　　①立夏　　②立冬　　③夏　　④冬　　⑤冬天

1. 여름에 일하고 겨울에 쉬는 것은?　　_____
2. 춥고 바람이 쌩쌩 부는 겨울이 되었습니다.　　_____
3. 입하가 되면 보리이삭들이 패기 시작합니다.　　_____
4. 입동을 전후해 담근 김장이 맛있습니다.　　_____

1.③ 2.④ 3.① 4.②

21~25과 복습

 빈칸에 알맞은 한자와 훈음을 쓰세요.

발 족

일 사

오른 우

바를 정

겨울 동

손 수

뒤 후

왼 좌

오를 등

여름 하

97

빈칸에 알맞은 한자를 〈보기〉에서 찾아 쓰세요.

〈보기〉 左 右 手 事 正 足 登 後 夏 冬

① 파도에 배가 ☐ 우로 흔들립니다.

② 내일은 여름의 시작인 입 ☐ 입니다.

③ 글짓기를 잘하려면 ☐ 물을 잘 관찰해야 합니다.

④ 오늘 저녁 ☐ 식은 아이스크림입니다.

⑤ 입 ☐ 이 되면 물과 땅이 얼기 시작합니다.

⑥ 광화문은 경복궁의 ☐ 문입니다.

⑦ 인형극에 ☐ 장하는 인물을 살펴봅시다.

⑧ 자유의 여신상은 ☐ 수(오른손)에 횃불을 들고 있습니다.

⑨ 잠이 부 ☐ 해 자꾸 하품이 납니다.

⑩ 이 장난감은 건전지 없이 ☐ 동으로 움직입니다.

7급 시험 기출 문제

맞힌 개수: ___ / 20 개

[1~8] 다음 한자어의 음(音: 소리)을 쓰세요.

<보기>   漢字 → 한자

1. 2번이 **正答**^답이라고 생각했습니다.

   _____

2. 고개를 **左右**로 흔들었습니다.

   _____

3. **後食**으로 귤을 먹었습니다.

   _____

4. 현우가 내일 **登山**가자는데?

   _____

5. 농촌 일손이 많이 **不**^부**足**합니다.

   _____

6. **事物**^물이 또렷이 보입니다.

   _____

7. **立冬**이 지났습니다.

   _____

8. 이 장난감은 **手動**^동으로 움직입니다.

   _____

[9~12] 다음 한자의 훈(訓: 뜻)과 음(音: 소리)을 쓰세요.

<보기>   字 → 글자 자

9. 足   _____

10. 左   _____

11. 右   _____

12. 冬   _____

[13~15] 다음 한자의 상대 또는 반대되는 한자를 <보기>에서 골라 그 번호를 쓰세요.

<보기>   ① 前   ② 右   ③ 足

13. 左 ↔ ( )

14. 手 ↔ ( )

15. ( ) ↔ 後

[16~18] 다음 한자어의 뜻을 쓰세요.

16. 登山   _____

17. 左右   _____

18. 手足   _____

[19~20] 다음 한자의 진하게 표시한 획은 몇 번째 쓰는지 <보기>에서 찾아 그 번호를 쓰세요.

<보기>
③ 세 번째   ④ 네 번째
⑤ 다섯 번째   ⑥ 여섯 번째
⑦ 일곱 번째   ⑧ 여덟 번째

19. 足   _____

20. 夏   _____

8급 (50자)	日 날 일	月 달 월	火 불 화	水 물 수	木 나무 목	金 쇠 금	土 흙 토	外 바깥 외
	寸 마디 촌	長 긴 장	一 한 일	二 두 이	三 석 삼	四 넉 사	五 다섯 오	六 여섯 륙
	七 일곱 칠	八 여덟 팔	九 아홉 구	十 열 십	東 동녘 동	西 서녘 서	南 남녘 남	北 북녘 북
	小 작을 소	門 문 문	山 메 산	中 가운데 중	靑 푸를 청	白 흰 백	父 아비 부	母 어미 모
	兄 형 형	弟 아우 제	先 먼저 선	生 날 생	學 배울 학	校 학교 교	敎 가르칠 교	室 집 실
	大 큰 대	韓 한국 한	民 백성 민	國 나라 국	軍 군사 군	人 사람 인	萬 일만 만	年 해 년
	女 여자 녀	王 임금 왕						

7급 1권 (50자)	入 들 입	內 안 내	天 하늘 천	夫 지아비 부	立 설 립	文 글월 문	花 꽃 화	便 편할 편
	邑 고을 읍	色 빛 색	子 아들 자	字 글자 자	老 늙을 로	孝 효도 효	安 편안 안	姓 성 성
	每 매양 매	海 바다 해	祖 할아비 조	漢 한수 한	口 입 구	問 물을 문	命 목숨 명	歌 노래 가
	同 한가지 동	洞 골 동	活 살 활	話 말씀 화	語 말씀 어	記 기록할 기	直 곧을 직	植 심을 식
	自 스스로 자	面 낯 면	道 길 도	前 앞 전	有 있을 유	育 기를 육	心 마음 심	食 먹을 식
	左 왼 좌	右 오른 우	手 손 수	事 일 사	正 바를 정	足 발 족	登 오를 등	後 뒤 후
	夏 여름 하	冬 겨울 동						

7급 시험은 '바빠 급수 한자 – 7급' 1권 50자,
2권 50자를 모두 공부해야 응시할 수 있어요!

7급 2권 (50자)	夕 저녁 석	名 이름 명	上 윗 상	下 아래 하	地 땅 지	電 번개 전	川 내 천	世 인간 세
	百 일백 백	千 일천 천	時 때 시	間 사이 간	草 풀 초	場 마당 장	春 봄 춘	農 농사 농
	午 낮 오	物 물건 물	家 집 가	然 그럴 연	休 쉴 휴	村 마을 촌	林 수풀 림	來 올 래
	秋 가을 추	氣 기운 기	不 아닐 불	平 평평할 평	出 날 출	少 적을 소	工 장인 공	空 빌 공
	江 강 강	所 바 소	力 힘 력	男 사내 남	方 모 방	旗 기 기	車 수레 차	紙 종이 지
	主 주인 주	住 살 주	市 저자 시	里 마을 리	重 무거울 중	動 움직일 동	全 온전 전	答 대답 답
	算 셈 산	數 셈 수						

7급 한자 중간평가

- 출제 기준 : ㈜한국어문회 한자능력검정시험
  * 2017년 8월 시험부터 변경된 출제 유형 반영
- 출제 범위 : '바빠 급수 한자 - 7급' 1권 한자(50자)

- 시험 시간 : 50분

- 시험 문항 : 70문항

채점한 후 확인해 보세요~

회차	1회	2회
맞힌 문항 수		

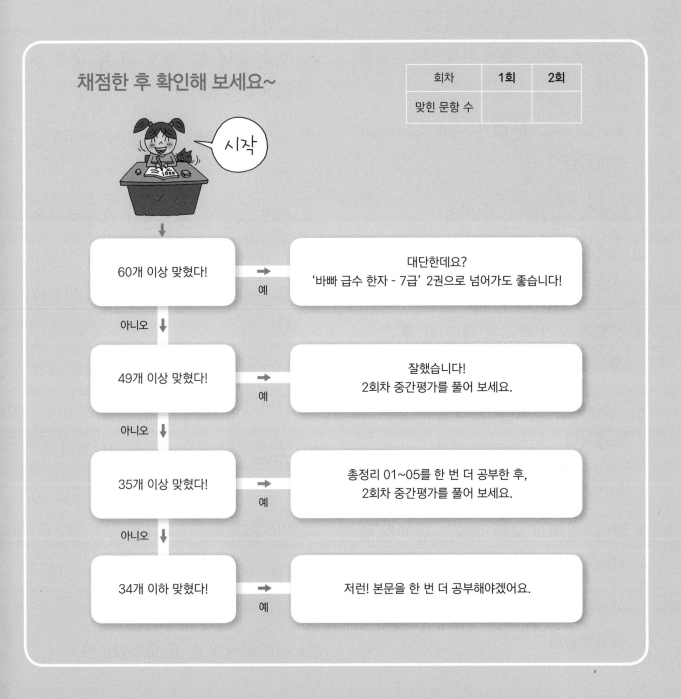

시작

60개 이상 맞혔다! → 예
대단한데요?
'바빠 급수 한자 - 7급' 2권으로 넘어가도 좋습니다!

아니오 ↓

49개 이상 맞혔다! → 예
잘했습니다!
2회차 중간평가를 풀어 보세요.

아니오 ↓

35개 이상 맞혔다! → 예
총정리 01~05를 한 번 더 공부한 후,
2회차 중간평가를 풀어 보세요.

아니오 ↓

34개 이하 맞혔다! → 예
저런! 본문을 한 번 더 공부해야겠어요.

7급 한자 중간평가

성명 : _____   시험 시간 : 50분

※ 1권에서 배운 한자(50자)를 기준으로 출제되었습니다.

[1~32] 다음 밑줄 친 한자어의 음(音: 소리)을 쓰세요.

<보기> 漢字 → 한자

1. 洞長은 직원들에게 친절하라고 말합니다.

2. 우리는 아홉 食口가 모여 사는 대가족입니다.

3. 왼손을 左手라고 합니다.

4. 사람은 直立 동물로서 두 발로 서서 똑바로 걸으면서 생활합니다.

5. 신문에 우리 학교에 대한 記事가 크게 났습니다.

6. 그는 이웃에게 孝子로 널리 알려져 있습니다.

7. 토요일에 國立 박물관을 관람합니다.

8. 내일 道內의 모든 학교가 방학을 합니다.

9. 지각한 학생이 敎室 뒷문으로 슬며시 들어왔습니다.

10. 젊은 시절 그는 學問에 정진하였습니다.

11. 立冬이 지나자 날씨가 추워지기 시작합니다.

12. 우리 동네 목욕탕은 每月 첫째 주 화요일에 쉽니다.

13. 그들은 北韓으로 보낼 쌀을 배에 싣고 있습니다.

14. 옆집 父子는 휴일마다 함께 등산을 합니다.

15. 빨간색은 靑色에 대비되는 색입니다.

16. 친구를 배웅하러 洞口 밖까지 나갔습니다.

17. 五色 깃발이 찬란하게 휘날립니다.

18. 부모님의 마음을 편히 해 드리는 것이 孝道입니다.

19. 아빠의 양복에는 金色 단추가 달려 있습니다.

20. 어려운 상황을 直面했습니다.

21. 선생님은 어른이 된 **弟子**를 보시고 흐뭇해 하셨습니다.

22. 아버지는 항상 **正直**하게 살라고 가르치셨습니다.

23. 당신은 **萬事**를 너무 쉽게 생각하십니다.

24. 전원도시에서 **生活**하면서 건강이 많이 좋아졌습니다.

25. 말을 못하는 장애인들도 **手話**로 자신의 생각을 표현합니다.

26. 우리 어머니는 양식보다 **韓食**을 좋아하십니다.

27. 모두 **便安**한 자세로 앉으세요.

28. 그녀는 세계를 무대로 활동하는 **歌手**입니다.

29. 현주는 **每事**를 긍정적으로 생각합니다.

30. 장난을 치다가 **學校**에서 벌을 받았습니다.

31. 4월 5일은 **植木**일입니다.

32. 저녁 **食事**로 칼국수를 먹었습니다.

[33~52] 다음 한자의 훈(訓: 뜻)과 음(音: 소리)을 쓰세요.

<보기>
字 → 글자 자

33. 道
34. 西
35. 花
36. 老
37. 植
38. 靑
39. 登
40. 有
41. 左
42. 敎
43. 同
44. 直
45. 自
46. 室
47. 金
48. 校
49. 學
50. 萬
51. 命
52. 孝

[53~54] 다음 밑줄 친 단어의 한자어를 <보기>에서 골라 그 번호를 쓰세요.

<보기>
① 萬事　　② 先祖
③ 教育　　④ 登校

53. 영재 아동은 보통 아이들과는 다른 특별한 교육이 필요합니다.

54. 우리 국토의 곳곳에는 선조들의 귀중한 유산이 남아 있습니다.

[55~64] 다음 훈(訓: 뜻)과 음(音: 소리)에 맞는 한자를 <보기>에서 찾아 그 번호를 쓰세요.

<보기>
① 洞　② 立　③ 問　④ 文
⑤ 色　⑥ 食　⑦ 語　⑧ 字
⑨ 祖　⑩ 便

55. 글월 문
56. 먹을 식
57. 편할 편
58. 골 동
59. 설 립
60. 물을 문
61. 할아비 조
62. 빛 색
63. 말씀 어
64. 글자 자

[65~66] 다음 한자의 상대 또는 반대되는 한자를 <보기>에서 골라 그 번호를 쓰세요.

<보기>
① 後　　② 足
③ 外　　④ 教

65. 手 ↔ (　　)
66. 前 ↔ (　　)

최신 출제 유형
[67~68] 다음 뜻에 맞는 한자어를 <보기>에서 찾아 그 번호를 쓰세요.

<보기>
① 室內　　② 安心
③ 全面　　④ 校歌

67. 집의 안　　　　68. 편안한 마음

[69~70] 다음 한자의 진하게 표시한 획은 몇 번째 쓰는지 <보기>에서 찾아 그 번호를 쓰세요.

<보기>
① 첫 번째　　② 두 번째
③ 세 번째　　④ 네 번째
⑤ 다섯 번째　⑥ 여섯 번째
⑦ 일곱 번째　⑧ 여덟 번째

69.

70.

7급 한자 중간평가

성명 : _____   시험 시간 : 50분

※ 1권에서 배운 한자(50자)를 기준으로 출제되었습니다.

[1~32] 다음 밑줄 친 한자어의 음(音: 소리)을 쓰세요.

〈보기〉 漢字 → 한자

1. 화살이 과녁에 **命中**하였습니다.

2. 방과 후에 학교 **正門** 앞에서 만나자.

3. 응시자들은 시험장으로 **入室**하여 주십시오.

4. **一同** 차렷. 뒤로 돌아!

5. 오빠가 **海軍**에 입대하였습니다.

6. 내일은 **校內** 합창 대회가 있는 날입니다.

7. 승용차와 트럭이 **正面**으로 충돌했습니다.

8. 그는 건강을 위해 **每日** 한 시간씩 달립니다.

9. 우리나라는 **三面**이 바다로 둘러싸여 있습니다.

10. **南北**통일은 온 국민의 소망입니다.

11. 윤지는 씩 웃으며 고개를 **左右**로 흔들었습니다.

12. 지원서에 이름, 나이, 현주소 등을 **記入**했습니다.

13. 부모님의 보살핌으로 **便安**히 지냅니다.

14. 명승지를 찾아 **八道**를 유람합니다.

15. 주완이는 십일 동안 **南海**로 여행을 떠났습니다.

16. 군인들이 **軍歌**를 부르며 행진하고 있습니다.

17. 정민이는 아침마다 **祖父**님과 부모님께 문안 인사를 올립니다.

18. 대학 발전 기금 모집에 **同門**들의 성원이 이어졌습니다.

19. **立夏**가 지나고 이제 초여름으로 들어선 것 같습니다.

20. 부모님은 **邑內**에 음식점을 차리셨습니다.

21. **水道**에서 물이 오랜만에 콸콸 나오기 시작했습니다.

22. **入學**을 축하합니다.

23. 김 **先生**님은 과학을 가르치십니다.

24. **正月** 대보름날에는 민속놀이를 합니다.

25. 우리들은 **每年** 학교 마라톤 대회에 나갑니다.

26. 우리 마을 약수터는 **食水**로 적합합니다.

27. 준우가 내일 **登山**이나 가자는데 넌 어때?

28. 그는 마을에서도 알아주는 모범 **靑年**입니다.

29. 아침 해가 **東海**에 떠오릅니다.

30. 아버지는 **老年**에 전원생활을 하시겠답니다.

31. 어머니는 초등학교 **後門** 앞에서 문방구를 하셨습니다.

32. 우리 학교는 **學內**에 자동차 진입을 금합니다.

[33~52] 다음 한자의 훈(訓: 뜻)과 음(音: 소리)을 쓰세요.

<보기>   字 → 글자 자

33. 洞
34. 活
35. 南
36. 先
37. 外
38. 正
39. 弟
40. 內
41. 入
42. 足
43. 事
44. 話
45. 兄
46. 前
47. 每
48. 歌
49. 手
50. 右
51. 天
52. 寸

[53~54] 다음 밑줄 친 단어의 한자어를 <보기>에서 골라 그 번호를 쓰세요.

<보기>
① 文字　　② 祖國
③ 孝心　　④ 空白

53. 그녀의 효심에 감탄합니다.

54. 그들은 조국의 영예를 드높인 자랑스러운 전사들입니다.

[55~64] 다음 훈(訓: 뜻)과 음(音: 소리)에 맞는 한자를 <보기>에서 찾아 그 번호를 쓰세요.

<보기>
① 記　② 道　③ 同　④ 登
⑤ 安　⑥ 育　⑦ 邑　⑧ 自
⑨ 直　⑩ 海

55. 한가지 동

56. 스스로 자

57. 곧을 직

58. 기를 육

59. 기록할 기

60. 바다 해

61. 길 도

62. 오를 등

63. 편안 안

64. 고을 읍

[65~66] 다음 한자의 상대 또는 반대되는 한자를 보기에서 골라 그 번호를 쓰세요.

<보기>
① 少　　② 右
③ 外　　④ 東

65. 內 ↔ (　　)

66. 老 ↔ (　　)

최신 출제 유형
[67~68] 다음 뜻에 맞는 한자어를 <보기>에서 찾아 그 번호를 쓰세요.

<보기>
① 祖父　　② 直立
③ 登山　　④ 人命

67. 사람의 목숨　　68. 할아버지

[69~70] 다음 한자의 진하게 표시한 획은 몇 번째 쓰는지 <보기>에서 찾아 그 번호를 쓰세요.

<보기>
① 첫 번째　　② 두 번째
③ 세 번째　　④ 네 번째
⑤ 다섯 번째　　⑥ 여섯 번째
⑦ 일곱 번째　　⑧ 여덟 번째

69. 花

70. 夏

총정리 01 01~05과 복습

26쪽

❶ 內　❷ 入　❸ 色　❹ 夫　❺ 立
❻ 便　❼ 文　❽ 天　❾ 花　❿ 邑

27쪽

1. 화초　2. 실내　3. 자립　4. 천하
5. 농부　6. 편안　7. 오색　8. 입장
9. 고을 읍　10. 설 립　11. 안 내
12. 하늘 천　13. ③ 外　14. ① 月
15. ② 大　16. 집이나 방의 안
17. 스스로 섬　18. 꽃이 피는 풀
19. ⑥ 여섯 번째　20. ⑧ 여덟 번째

총정리 02 06~10과 복습

44쪽

❶ 字　❷ 海　❸ 安　❹ 祖　❺ 老
❻ 姓　❼ 孝　❽ 漢　❾ 子　❿ 每

45쪽

1. 안전　2. 성명　3. 효자　4. 효도
5. 선조　6. 한강　7. 노모　8. 매사
9. 성 성　10. 매양 매　11. 효도 효
12. 편안 안　13. ③ 女　14. ① 少
15. ② 水　16. 마음이 편안함
17. 성과 이름　18. 늙은이와 젊은이
19. ⑥ 여섯 번째　20. ⑤ 다섯 번째

총정리 03 11~15과 복습

62쪽

❶ 同　❷ 問　❸ 歌　❹ 洞　❺ 話
❻ 命　❼ 語　❽ 記　❾ 活　❿ 口

63쪽

1. 활동　2. 전화　3. 기사　4. 가수
5. 왕명　6. 동리　7. 생명　8. 동시

9. 입 구　10. 말씀 어　11. 기록할 기
12. 살 활　13. ② 南　14. ③ 母
15. ① 王　16. 이름이 같음
17. 임금의 명령　18. 학교 노래
19. ⑥ 여섯 번째　20. ⑪ 열한 번째

총정리 04 16~20과 복습

80쪽

❶ 食　❷ 直　❸ 植　❹ 育　❺ 前
❻ 有　❼ 面　❽ 心　❾ 自　❿ 道

81쪽

1. 정직　2. 교육　3. 차도　4. 간식
5. 식물　6. 자력　7. 전방　8. 유명
9. 낯 면　10. 있을 유　11. 심을 식
12. 스스로 자　13. ③ 東　14. ① 兄
15. ② 學　16. 백성의 마음
17. 곧게 섬　18. 나무를 심음
19. ⑧ 여덟 번째　20. ⑦ 일곱 번째

총정리 05 21~25과 복습

98쪽

❶ 左　❷ 夏　❸ 事　❹ 後　❺ 冬
❻ 正　❼ 登　❽ 右　❾ 足　❿ 手

99쪽

1. 정답　2. 좌우　3. 후식　4. 등산
5. 부족　6. 사물　7. 입동　8. 수동
9. 발 족　10. 왼 좌　11. 오른 우
12. 겨울 동　13. ② 右　14. ③ 足
15. ① 前　16. 산에 오름
17. 왼쪽과 오른쪽　18. 손과 발
19. ④ 네 번째　20. ⑧ 여덟 번째

중간평가 01회

102~104쪽

1. 동장	2. 식구	3. 좌수	4. 직립
5. 기사	6. 효자	7. 국립	8. 도내
9. 교실	10. 학문	11. 입동	12. 매월
13. 북한	14. 부자	15. 청색	16. 동구
17. 오색	18. 효도	19. 금색	20. 직면
21. 제자	22. 정직	23. 만사	24. 생활
25. 수화	26. 한식	27. 편안	28. 가수
29. 매사	30. 학교	31. 식목	32. 식사
33. 길 도	34. 서녘 서	35. 꽃 화	
36. 늙을 로	37. 심을 식	38. 푸를 청	
39. 오를 등	40. 있을 유	41. 왼 좌	
42. 가르칠 교	43. 한가지 동	44. 곧을 직	
45. 스스로 자	46. 집 실	47. 쇠 금	
48. 학교 교	49. 배울 학	50. 일만 만	
51. 목숨 명	52. 효도 효	53. ③ 教育	
54. ② 先祖	55. ④ 文	56. ⑥ 食	
57. ⑩ 便	58. ① 洞	59. ② 立	
60. ③ 問	61. ⑨ 祖	62. ⑤ 色	
63. ⑦ 語	64. ⑧ 字	65. ② 足	
66. ① 後	67. ① 室內	68. ② 安心	
69. ⑥ 여섯 번째		70. ⑤ 다섯 번째	

중간평가 02회

105~107쪽

1. 명중	2. 정문	3. 입실	4. 일동
5. 해군	6. 교내	7. 정면	8. 매일
9. 삼면	10. 남북	11. 좌우	12. 기입
13. 편안	14. 팔도	15. 남해	16. 군가
17. 조부	18. 동문	19. 입하	20. 읍내
21. 수도	22. 입학	23. 선생	24. 정월
25. 매년	26. 식수	27. 등산	28. 청년
29. 동해	30. 노년	31. 후문	32. 학내
33. 골 동	34. 살 활	35. 남녘 남	
36. 먼저 선	37. 바깥 외	38. 바를 정	
39. 아우 제	40. 안 내	41. 들 입	
42. 발 족	43. 일 사	44. 말씀 화	
45. 형 형	46. 앞 전	47. 매양 매	
48. 노래 가	49. 손 수	50. 오른 우	
51. 하늘 천	52. 마디 촌	53. ③ 孝心	
54. ② 祖國	55. ③ 同	56. ⑧ 自	
57. ⑨ 直	58. ⑥ 育	59. ① 記	
60. ⑩ 海	61. ② 道	62. ④ 登	
63. ⑤ 安	64. ⑦ 邑	65. ③ 外	
66. ① 少	67. ④ 人命	68. ① 祖父	
69. ⑦ 일곱 번째		70. ⑧ 여덟 번째	

01회 7급 한자 중간평가 답안지(1) (시험시간:50분)

번호	정답	1검	2검	번호	정답	1검	2검	번호	정답	1검	2검
1				12				23			
2				13				24			
3				14				25			
4				15				26			
5				16				27			
6				17				28			
7				18				29			
8				19				30			
9				20				31			
10				21				32			
11				22				33			

※ 뒷면으로 이어짐

01회 7급 한자 중간평가 답안지(2)

번호	정답	1검	2검	번호	정답	1검	2검	번호		1검	2검
	답안란	채점란			답안란	채점란			답안란	채점란	
34				47				60			
35				48				61			
36				49				62			
37				50				63			
38				51				64			
39				52				65			
40				53				66			
41				54				67			
42				55				68			
43				56				69			
44				57				70			
45				58							
46				59							

수험번호 □□□-□□-□□□□　　　　　　　　성명 □□□□□

생년월일 □□□□□□ ※ 주민등록번호 앞 6자리 숫자를 기입하십시오.

※ 성명은 한글로 작성
※ 필기구는 검정색 볼펜만 가능

※ 답안지는 컴퓨터로 처리되므로 구기거나 더럽히지 마시고, 정답 칸 안에만 쓰십시오.
　글씨가 채점란으로 들어오면 오답 처리 됩니다.

02회 7급 한자 중간평가 답안지(1) (시험시간:50분)

번호	정답	1검	2검	번호	정답	1검	2검	번호	정답	1검	2검
1				12				23			
2				13				24			
3				14				25			
4				15				26			
5				16				27			
6				17				28			
7				18				29			
8				19				30			
9				20				31			
10				21				32			
11				22				33			

감독위원	채점위원(1)		채점위원(2)		채점위원(3)	
(서명)	(득점)	(서명)	(득점)	(서명)	(득점)	(서명)

※ 뒷면으로 이어짐

02회 7급 한자 중간평가 답안지(2)

번호	정답	1검	2검	번호	정답	1검	2검	번호		1검	2검
	답안란	채점란			답안란	채점란			답안란	채점란	
34				47				60			
35				48				61			
36				49				62			
37				50				63			
38				51				64			
39				52				65			
40				53				66			
41				54				67			
42				55				68			
43				56				69			
44				57				70			
45				58							
46				59							

入	內	天	夫	立
들 입	안 내	하늘 천	지아비 부	설 립

文	花	便	邑	色
글월 문	꽃 화	편할 편	고을 읍	빛 색
子	字	老	孝	安
아들 자	글자 자	늙을 로	효도 효	편안 안

姓	每	海	祖	漢
성 성	매양 매	바다 해	할아비 조	한수 한
口	問	命	歌	同
입 구	물을 문	목숨 명	노래 가	한가지 동

그림으로 복습하는 7급 한자 - 1권

洞	活	話	語	記
골 동	살 활	말씀 화	말씀 어	기록할 기

直	植	自	面	道
곧을 직	심을 식	스스로 자	낯 면	길 도
前	有	育	心	食
앞 전	있을 유	기를 육	마음 심	먹을 식

左	右	手	事	正
왼 좌	오른 우	손 수	일 사	바를 정

足	登	後	夏	冬
발 족	오를 등	뒤 후	여름 하	겨울 동

읽는 재미를 높인 초등 문해력 향상

바빠
독해
시리즈

읽는 재미를 높인 **초등 문해력 향상**

바쁜 초등학생을 위한
빠른 독해

선생님들의 선생님! 호사라 박사 지음
(분당 영재사랑 교육연구소)

재미있고
궁금해서
자꾸 읽고 싶어요!

4단계
초등 3~4학년

★ 읽는 재미
3, 4학년 어린이들이 직접
고른 흥미로운 이야기

★ 초등 교과 연계
읽다 보면 나도 모르게
국어, 사회, 과학 지식이 쏙쏙

★ 문해력 향상
어휘력, 이해력, 추론 능력,
사고력, 맞춤법까지 OK

이지스에듀

분당 영재사랑 교육 연구소, 호사라 박사 지음 / 각 권 9,800원

초등 교과 연계 100%

읽는 재미를 높인
초등 문해력 향상
프로그램

실제 아이들이
궁금해서
자꾸 읽고 싶어 한
이야기를 골라 구성!

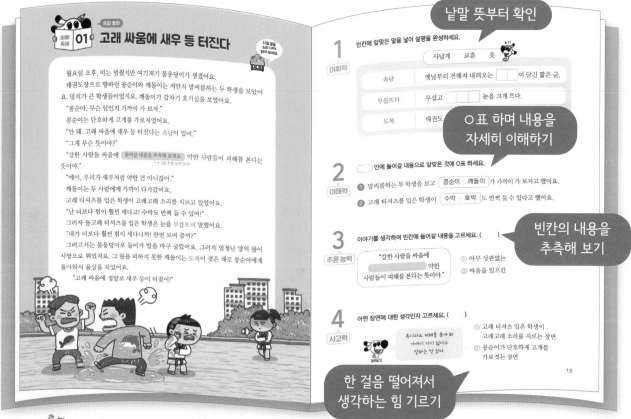

낱말 뜻부터 확인

바빠 독해
속담 동화
01 고래 싸움에 새우 등 터진다

다음 글을 소리 내어 읽어 보세요.

월요일 오후, 비는 멈췄지만 여기저기 물웅덩이가 생겼어요.
태권도장으로 향하던 콩순이와 깨돌이는 저만치 말씨름하는 두 학생을 보았어
요. 덩치가 큰 학생들이지요. 깨돌이가 갑자기 호기심을 보였어요.
"콩순아, 무슨 일인지 가까이 가 보자."
콩순이는 단호하게 고개를 가로저었어요.
"안 돼. 고래 싸움에 새우 등 터진다는 속담이 있어."
"그게 무슨 뜻이야?"
"강한 사람들 싸움에 들어갈 내용을 추측해 보세요. 약한 사람들이 피해를 본다는
뜻이야." → 3번 추론 능력 문제
"에이, 우리가 새우처럼 약한 건 아니잖아."
깨돌이는 두 사람에게 가까이 다가갔어요.
고래 티셔츠를 입은 학생이 고래고래 소리를 지르고 있었어요.
"난 너보다 힘이 훨씬 세다고! 수박도 번쩍 들 수 있어!"
그러자 돌고래 티셔츠를 입은 학생은 눈을 부릅뜨며 말했어요.
"내가 너보다 훨씬 힘이 세다니까! 한번 보여 줄까?"
그러고서는 물웅덩이로 들어가 발을 마구 굴렀어요. 그러자 엄청난 양의 물이
사방으로 튀었지요. 그 물을 피하지 못한 깨돌이는 도복이 젖은 채로 콩순이에게
돌아와서 울상을 지었어요.
"고래 싸움에 정말로 새우 등이 터졌어!"

1 어휘력
빈칸에 알맞은 말을 넣어 설명을 완성하세요.

보기
사납게   교훈   옷

속담	옛날부터 전해져 내려오는 [ ]이 담긴 짧은 글.
부릅뜨다	무섭고 [ ] 눈을 크게 뜨다.
도복	태권도 [ ].

O표 하며 내용을
자세히 이해하기

2 이해력
[ ] 안에 들어갈 내용으로 알맞은 것에 O표 하세요.

① 말씨름하는 두 학생을 보고 [콩순이 / 깨돌이]가 가까이 가 보자고 했어요.
② 고래 티셔츠를 입은 학생이 [수박 / 호박]도 번쩍 들 수 있다고 했어요.

빈칸의 내용을
추측해 보기

3 추론 능력
이야기를 생각하며 빈칸에 들어갈 내용을 고르세요. ( )

"강한 사람들 싸움에 [   ] 약한
사람들이 피해를 본다는 뜻이야."

① 아무 상관없는
② 싸움을 일으킨

4 사고력
어떤 장면에 대한 생각인지 고르세요. ( )

혹시라도 피해를 볼까 봐
가까이 가기 싫다고
말하는 것 같아.
바빠독이

① 고래 티셔츠 입은 학생이
고래고래 소리를 지르는 장면
② 콩순이가 단호하게 고개를
가로젓는 장면

13

한 걸음 떨어져서
생각하는 힘 기르기

호 박사

영재사랑 연구소에서 16년간 지도한 내용 중 누구나 쉽게 성취감을 맛볼 수 있는 활동을 선별했어요!

바빠 시리즈 초등 학년별 추천 도서

학년	학기별 연산책 바빠 교과서 연산 학기 중, 선행용으로 추천!	나 혼자 푼다! 수학 문장제 학교 시험 서술형 완벽 대비!
1학년	·바쁜 1학년을 위한 빠른 교과서 연산 1-1 ·바쁜 1학년을 위한 빠른 교과서 연산 1-2	·나 혼자 푼다! 수학 문장제 1-1 ·나 혼자 푼다! 수학 문장제 1-2
2학년	·바쁜 2학년을 위한 빠른 교과서 연산 2-1 ·바쁜 2학년을 위한 빠른 교과서 연산 2-2	·나 혼자 푼다! 수학 문장제 2-1 ·나 혼자 푼다! 수학 문장제 2-2
3학년	·바쁜 3학년을 위한 빠른 교과서 연산 3-1 ·바쁜 3학년을 위한 빠른 교과서 연산 3-2	·나 혼자 푼다! 수학 문장제 3-1 ·나 혼자 푼다! 수학 문장제 3-2
4학년	·바쁜 4학년을 위한 빠른 교과서 연산 4-1 ·바쁜 4학년을 위한 빠른 교과서 연산 4-2	·나 혼자 푼다! 수학 문장제 4-1 ·나 혼자 푼다! 수학 문장제 4-2
5학년	·바쁜 5학년을 위한 빠른 교과서 연산 5-1 ·바쁜 5학년을 위한 빠른 교과서 연산 5-2	·나 혼자 푼다! 수학 문장제 5-1 ·나 혼자 푼다! 수학 문장제 5-2
6학년	·바쁜 6학년을 위한 빠른 교과서 연산 6-1 ·바쁜 6학년을 위한 빠른 교과서 연산 6-2	·나 혼자 푼다! 수학 문장제 6-1 ·나 혼자 푼다! 수학 문장제 6-2

'바빠 교과서 연산'과
'나 혼자 문장제'를
함께 풀면
한 학기 수학 완성!

바쁜 친구들이 즐거워지는 **빠른** 학습서

영역별 연산책 바빠 연산법

방학 때나 학습 결손이 생겼을 때~

- · 바쁜 1·2학년을 위한 빠른 **덧셈**
- · 바쁜 1·2학년을 위한 빠른 **뺄셈**
- · 바쁜 초등학생을 위한 빠른 **구구단**
- · 바쁜 초등학생을 위한
  빠른 **시계와 시간**

- · 바쁜 초등학생을 위한
  빠른 **길이와 시간 계산**
- · 바쁜 3·4학년을 위한 빠른 **덧셈**
- · 바쁜 3·4학년을 위한 빠른 **뺄셈**
- · 바쁜 3·4학년을 위한 빠른 **분수**
- · 바쁜 3·4학년을 위한 빠른 **곱셈**
- · 바쁜 3·4학년을 위한 빠른 **나눗셈**
- · 바쁜 3·4학년을 위한 빠른 **방정식**

- · 바쁜 초등학생을 위한
  빠른 **약수와 배수, 평면도형 계산,
  입체도형 계산, 자연수의 혼합 계산,
  분수와 소수의 혼합 계산, 비와 비례,
  확률과 통계**
- · 바쁜 5·6학년을 위한 빠른 **곱셈**
- · 바쁜 5·6학년을 위한 빠른 **나눗셈**
- · 바쁜 5·6학년을 위한 빠른 **분수**
- · 바쁜 5·6학년을 위한 빠른 **소수**
- · 바쁜 5·6학년을 위한 빠른 **방정식**

바빠 국어/ 급수한자

초등 교과서 필수 어휘와 문해력 완성!

- · 바쁜 초등학생을 위한 빠른 **맞춤법 1**
- · 바쁜 초등학생을 위한 빠른 **급수한자 8급**
- · 바쁜 초등학생을 위한 빠른 **독해 1, 2**
- · 바빠 초등 **속담 + 따라 쓰기**

- · 바쁜 초등학생을 위한 빠른 **독해 3, 4**
- · 바쁜 초등학생을 위한 빠른 **맞춤법 2**
- · 바쁜 초등학생을 위한
  빠른 **급수한자 7급 1, 2**
- · 바빠 초등 **사자성어 + 따라 쓰기**

- · 바쁜 초등학생을 위한
  빠른 **급수한자 6급 1, 2, 3**
- · 보일락 말락~ 바빠 **급수한자판**
  + 6·7·8급 모의시험

- · 바쁜 초등학생을 위한 빠른 **독해 5, 6**

재미있게 읽다 보면
나도 모르게
교과 지식까지 쑥쑥!

바빠 영어

우리 집, 방학 특강 교재로 인기 최고!

- · 바쁜 초등학생을 위한
  빠른 **파닉스 1, 2**
- · 바쁜 초등학생을 위한
  빠른 **사이트 워드 1, 2**
- · 바쁜 초등학생을 위한
  빠른 **영단어 스타터 1, 2**

전 세계 어린이들이 가장 많이 읽는
· **영어동화 100편 : 명작동화**

- · 바쁜 3·4학년을 위한 빠른 **영단어**
- · 바쁜 3·4학년을 위한
  빠른 **영문법 1, 2**

· **영어동화 100편 : 과학동화**
· **영어동화 100편 : 위인동화**

· 바빠 초등 필수 **영단어**

- · 바쁜 5·6학년을 위한 빠른 **영단어**
- · 바빠 초등 **영문법 1, 2, 3 - 5·6학년용**
- · 바빠 **영어 시제 특강** - 5·6학년용
- · 바쁜 5·6학년을 위한 빠른 **영작문**

바빠 파닉스 ❶, ❷

바빠 사이트 워드 ❶, ❷

바빠 영단어 Starter ❶, ❷

영어동화 100편

바빠 3·4 영단어

바빠 5·6 영단어

바빠 영어 시제 특강
5·6학년용

바빠 3·4 영문법 ❶, ❷

바빠 초등 영문법 ❶, ❷, ❸
5·6학년용

바빠 5·6 영작문

※ '바빠 공부단 카페(cafe.naver.com/easyispub)'에서 바빠 영어 시리즈의 학습 자료와 지도 팁을 확인하세요!